空手に導かれて

横道正明

まえがき

私の恩師である滝本洋三先生、山本茂先生、そして岡山県山陽高校（現おかやま山陽高校）の後輩との飲みの席で「来年春、国士舘大学の職員を定年退職をするんです。俺も歳をとりましたよ」こんな話をしたところ、後輩たちが口々に、

「先輩、先輩の空手道人生を文章にしてくださいよ。後輩たちや、今の高校生が先輩の生きざまを知ったら励みになりますよ」と言ってくれたのです。

先生お二人も「横道、書け、書け！」と仰ってくださり、どんどん盛り上がり、後に引けなくなってしまいました。

そして、この挑戦も何とかなるさ、と机に向かうことになりました。

しかし、空手の試合とは違って「うーん、うーん」と唸るばかりで一行も筆が進みません。空手道人生といっても、ただ、がむしゃらにやってきただけだし、しかも、全て偶然からスタートし、ただ目の前に現れたものを自分

に必要なものだと信じて素直に受け入れて歩んできた人生。

　そんな考えが堂々巡りしていました。そのように幼かったころ、空手に巡り合ったきっかけなどを思い返していましたら、二人の恩師との人間関係で私の空手道の歩みがあったことを改めて深く思い出し、〈本当に感謝だなぁ〉と感じたと同時に、色んなことが頭の中に溢れてきました。

　見た目には猪突猛進、現役当時はファイターと称されることが多かった私ですが、実はとても臆病な少年で、大学生になっても一人孤独に苛《さいな》まれることもあったり、人生の帰路で逃げ出したくなったりしたことも否応なしに思い出しました。

　恩師の一人、山本先生の下で空手をやれば、きっと心が強くなれると信じて飛び込んだあの日。先生から「国士舘大学の空手道部に行くか？」と問われ「ハイ！」と即答した車中での会話。もう一人の恩師、滝本先生に、試合に対する心構えや練習方法を教えていただいた日々。白々と夜が明けるまで語り合った日。

次々と思い出すままに一つ一つ紡ぎ出したのがこの本の内容です。私の空手道人生で、私と出会い、関わってくださった、お一人お一人に心から感謝を込めながらまとめさせていただきました。話が前後したり、想いが前面に出過ぎてわかりにくい部分も多々あると思いますが、どうかご容赦ください。

横道正明

目次

第一章　子供時代

瀬戸内海の小さな離島に生まれる

私は、昭和34年（1959年）岡山県笠岡市の笠岡諸島に属する小飛島《こびしま》という小さな島に生まれた。岡山県の南西部に位置する笠岡諸島には大小31の島々があり、多くは現在瀬戸内海国立公園に指定されている。ほとんどが無人島だが、私の生まれた小飛島は多分一番小さな有人島ではないだろうか。

みなさんのイメージする離島よりもさらに小さな島だと思う。大人になって島に帰った時に〈こんな小さな島だったっけ？〉とびっくりしたくらいである。

私が語る島での子供時代に興味を持ってくれた教え子の一人が、小飛島をネットで調べたようで、「先生の生まれた島、今は人が17人しか住んでないみたいですよ！」と驚いて報告してくれた。

私が子供の頃はもっと人口は多く、小さな島だったが、それでも家が34〜35戸はあったはずで、島民も百人以上は確実にいたはずだ。

小飛島

小飛島には同い年の子が五人いた。みんな親戚みたいな感じで一緒に遊んでいた。小学校、中学校は本島の大飛島に通ったが、そこと合わせると同級生は男子七人、女子12人合わせて19人。私たちの代は生徒数が多かった。そして、小飛島も結構活気があったのである。

私の子供の頃とは昭和30年代後半から40年代前半。それはそれは毎日が楽しかった。とにかく一日中、興味にまかせて遊んでばかりだった。泳いだり、走ったりだけではなく、春はわらび採り、夏はサザエ獲り、と季節の風を感じながら伸び伸びと楽しく過ごしていた。

島の遊びというと釣りをイメージする人も多いかもしれないが、私は釣りにはあまり興味がなかった。というのもイワシの時期には大きい魚に追いかけられたイワシの群れが浜辺に打ちあげられて、浜一面が真っ黒になった。そういう光景を見てしまうと、わざわざ釣りをしようという気分にはならなかった。

とにかく毎日海や山で、ただただ真っ黒くなって、子供らしく遊んで、食べて、疲れたら寝ての繰り返し、それでも色々なことに興味が尽きなかった。親も日々の生活に追われているから、勉強しろなんてことは一切言わない。今日も一日子供たちの命が無事だった、それだけで感謝。そんな風だったのではないかと、懐かしく思い出す。多分、周囲の子どもはみんなそうだったと思う。少なくとも小学生くらいまでは。

そういえば、岡山大学に行った頭のいい同級生もいたが、少し不思議なくらいだ。いつも一緒に遊んでいて、特に勉強してる感じもなかった。今、思うと元々の出来がいいというか、賢かったんだろう。

運動会は島をあげての大イベント

子供の頃、特に楽しみだったのは小学校と中学校が合同で開催する運動会だった。単に学校行事というより、大人もその日は仕事の都合をつけて参加する島総出のイベントだった。私は足は速かったから駆けっこはずっと一番、だから運動会が待ち遠しかったことが思い出される。

一つ上の学年にライバルがいて、その子には負けたくなかったから運動会が近づいてくると、それに向けてトレーニングと称して、神社の階段を一気に駆け上がるなどして鍛えた。今思うと子供の頃から負けず嫌いな面があったのだと、あの頃が懐かしい。

こう書いてくると、自然豊かな環境で、めぐみ多い島暮らし、そのような部分だけが伝わり、うらやましく思う人もいるかもしれない。しかし、実際はみなさんのイメージするのんびりした島暮らしとは全然違っていた。

私自身は、戦後15年も経って生まれているから戦争時代のことなど全く知らないが、それでもまだ戦争の後遺症は残っていたのだろうと思う。まだまだ日本国中が貧乏で、お隣同士で醤油や味噌の貸し借りをしているような時代だったし、島だから全くインフラが整っていなかった。当時は生活することと自体に大変な苦労があったのである。

飛島小学校・中学校（現在は廃校）

病気になっても島には医者がいない。飲料水も山のふもとの井戸から電動ポンプで汲み上げて各家庭に配られるが、蛇口をひねるといつでも出てくるというわけではなく、出る時に大きな瓶に溜めて使っていた。それ以外の井戸は塩気まじりなので用途が限られていた。そしてこの水汲みの手伝いは小さな子供の頃からやらされていた。というか、そうするのが当たり前だった。他にも薪割りなどもやった。切り出した丸太を乾燥させ、それを燃料にするためマサカリを使って割るのだが、今の時代だと危険だからと子供には絶対させないようなことだ。あとは、蚊取り線香の材料となる除虫菊の栽培や収穫の手伝い、そして花の脱穀、サツマイモや、さやえんどうの栽培なども子供が手伝う仕事だった。そういえばタコ壺漁の手伝いなどもやっていた。

当時は、私だけでなくどこの家の子供も家の手伝いはしっかりやっていた。子供も働き手の一人として勘定に入っていた。働かざるもの食うべからず、というのは子供にも当てはまっていた。つまり、当時の島の暮らしは家族みんなで力を合わせないと成り立たなかったのである。

船から見ると、のどかで美しい段々畑も、それを維持し、そこから収穫をするにはやることがたくさんあった。ウチは除虫菊だったが、各家々でちょっとした現金収入につながる副業をやっていた。そうした品々を船で買いにくる業者に売って、生活に必要な雑貨やプロパンガスなど生活に必要なモノを手に入れていた。時折、行商の人が船でやって来て、各家庭を回っては、持ってきた物品を並べて「さあいかがですか」などとやっていた風景も思い出す。

横道少年の夢は大型タンカーの船長

島の産業というと、当然、漁業・水産業をイメージする人も多いはずだ。もちろん笠岡諸島でもそうなのだが、それはもっと大きな島の話であり、漁港があって、塩田や海苔の養殖なんかもやれるような島のことである。

小飛島くらい小さな島だと本当にこれといった産業が無い。そのため、どの家も父親は本土に出稼ぎに行っていた。ちなみにウチの父は神戸に行っていた。父親に会えるのはお正月とお盆くらいだったので帰省するのを楽しみにしたものだ。父の思い出といえば、もっぱらこの時の父の姿だ。

父親が出稼ぎ、と聞くと一般的な感覚からすると苦労して育ったように感じるかもしれない。しかし、同級生の家もみんなそうだったし、それが普通と思っていたから苦労してると感じたことは一度もなかった。

空手に関しては後で書かせてもらうが、まだこの頃は空手の存在なんてほんの頭の片隅にも無かった。駆けっこは一番だったと書いたが、それ以外では運動神経はそこまで良くはなかった。浜辺で野球をやるのだが、それほど夢中にはなれなかった。投げるのも、守るのも、打つのもそれなりにできた。それでも、一緒に遊べばわかる。明らかに自分より上手だな、運動神経がいいなとわかる同級生がいるわけだ。当然なことだが、大きくなったらスポーツで一旗あげたい、みたいな意識はまったくもって皆無だった。

もちろん遊ぶことというか、体を動かすこと自体は大好きだった。海で泳いだり、山を駆け回ったりだけでなく、野良仕事の手伝いで段々畑を上ったり下ったり……、そういう普段の生活の中で基礎体力は自然と培われたと思う。

ちなみに当時の私、横道少年には憧れる職業があった。それは大型タンカーの船長。記憶では出光（興産）が世界一大きなタンカーを持っていたのだけれど、世界一大きな船が堂々と航行して行く、それを動かしているのが自分だと想像するだけで、もう得も言われぬ高揚感があった。瀬戸内海を運航する大型タンカーを〈いつか自分で動かしてみたい〉そんな風に夢見ながら眺めていたことが、ついこの間のように思い出される。

フェリーなどの客船は頭になく、とにかく大型タンカーの船長にだけ憧れていた。仮に船員になれたとしても、いきなり船長になれるわけではないのに……。今、思うと本当に無邪気な少年の夢だったが、横道少年としては本気だったのである。

島に電気が通じたのが小学校五年生

島での暮らしに話を戻そう。これも人に話すと驚かれる話なのだが、私が物心がついた頃の小飛島にはまだ電気が来ていなかった。島には自家発電の設備があったので、電気の存在自体を知らないわけではなかったのだが、各家庭で24時間いつでも電気が使える状態ではなかった。

発電機を使えるのは何時までという島のルールがあったので、その時間を過ぎると本当に真っ暗になった。月明かりや星の明かりがあれば目が慣れてくるとそれなりに見える日はあるが、雨の日や雲の厚い日の闇の深さは、今の人の感覚ではちょっと想像がつかないと思う。現代の若者の中には一度も体験が無いという人もいるかもしれない。もちろん発電を停止した後は、ランプや蝋燭《ろうそく》を灯しもするが、基本は暗くなったら寝るというのが当時の当たり前だった。

小学校五年生の時に島に海底ケーブルが通って、初めて電気が一日中使えるようになった日のことは今でも鮮明に覚えている。当時は小学校のある本島の大飛島《おおびしま》にスクールボートで通っていたのだが、その日は学校に行くと提灯が一人一人に渡され、みんなで島を一周した。島をあげてのお祝いだった。家に帰って、いつもなら真っ暗になる時間になっても電球が灯いているので、大袈裟でもなんでもなく、別世界に来たという衝撃だったことを覚えている。

とはいうものの、それまで夜は暗いのが当たりまえ、という生活をしていたので、その生活スタイルが大きく変わることはなかった。急に夜遊びや夜更かしをするようになることもなく、誰もが変わらず早寝早起きだった。

それでも夜になっても電気が通じているので、テレビを観る生活がだんだん当たり前になっていったと思う。スポーツの大きな試合の中継や大事件のニュースをテレビで知るようになった。

テレビといえば、最初は家にテレビがなかったので、テレビのある近所の家にみんなで集まって観るというのが普通だった。よくドキュメンタリーなどで、戦後の街頭テレビの様子などが流れることがあるが、あのような感じだった。私の記憶の中にニュースや事件のテレビ映像が出てくるのは、明確に小学校五年生からなのだ。

子供の頃は臆病なところがあった

小飛島の暮らしは本土（笠岡市）まで出るのも大変だった。まず定期便が一日に二、三便しかない上に、笠岡までの直通便が無かった。正確なコースは覚えていないが大飛島から小飛島に来て、また大飛島に戻り（当時は島の道路事情が悪く、バスも走ってなかったので）小さな集落を何箇所か周ってお客さんを乗せる。その後、同じ笠岡諸島の北木島や神ノ島でもお客さんを乗せて、ようやく笠岡へと向かうというものである。いわゆる巡回船。今は大飛島、小飛島、笠岡と進む高速艇があるので一時間くらいだが、当時は笠岡まで二時間以上かかっていた。

横道少年の夢は大型タンカーの船長という割には少々情けない話を。船に乗るのは好きだったが、降りるのは少し苦手だった。子供の頃は港にちゃんとした桟橋がなかった。船着き場に渡した幅の狭い板、渡し板と呼んでいたと思う、これを歩いて下船するのだが、これが恐かった。ほとんどの子共がスイスイ渡し板を歩いていくのだが、どうにもそれが恐い。皆んなが歩くたびにその渡し板が上下にしなるのが嫌だった。子供達に知られると相当に冷やかされると思っていたから、平静を装っていたが、横道少年の足は小刻みに震えていたかもしれない。そこから海に落ちたということは無いが、どうしても〈落ちたらどうしよう〉と考えてしまうのだった。

私の空手スタイルを知る人にこの話しをすると冗談だろうと笑い出すだろうから、大人になってもあまり他人に話したことはない。横道少年は少し臆病というか心配性なタイプだった、思い出すと嫌な思いと、私も可愛いところがあったんだなと笑えてくる。とても不思議な気持ちになる。

しかし、今振り返ると、笠岡市は私にとっては都会だった。島にはない新しいモノがたくさん見られるので笠岡に出ていくのがとても楽しみだった。

中学はバレー部に入部

中学校時代の思い出といえば、なんといってもバレー部に入部したことだった。私が中学に入学したのが昭和47年（1972年）当時は松平監督率いる男子バレーの黄金時代で、テレビアニメで『ミュンヘンへの道』というのをやっていて、男子にバレーは人気だった。『ミュンヘンへの道』というのは、1972年のミュンヘンオリンピックで金メダルを目指す日本代表をモデルにしたアニメで、選手が実名でアニメに出てくる。「松平監督、そして猫田、大古、南、横田、森田……」と代表選手の名前も覚え、実際の日本代表の実写も組み合わされて放映されていて、Aクイック、Bクイック、スライディングレシーブ、ジャンピングサーブなどの新技術が紹介され、皆んなで真似て真剣に取り組んだ。

日本国中をブームに巻き込んで、本当にそのミュンヘンオリンピックで金メダルを獲るという快挙に、さらに男子バレーの人気は高まった。当時は島の男の子はみんなバレー選手というくらい盛んだった。先輩の中には岡山シーガルズで監督を務めた人もいるというくらいにみんな真剣だった。

私のポジションは同級生の中では背が高かったこともあってアタッカーだった。人数の少ない島の中学だけど熱心な先生が指導している時は結構、強かった。特に私の三つ上の兄の代は相当に強く自慢の先輩たちだった。

自分たちの代はそこまで強くはなかったけれど、それでも勝ちたい気持ちは強かった。島の中学だからと最初から勝負をあきらめるなんてことはなかった。ただ、バレーの選手としての私だが、練習では結構良いけれど、試合になるとなぜかうまくいかない。プレッシャーだったのか……。どうして練習通りにできないいんだろう、と試合をするたびに悔しい思いをしていたことばかり思い出される。

第二章　高校生時代

建築科は大工さんの養成はしない？

中学も終わりが近づくと自然の中で伸び伸び育っていた私も進学について考える時期がきた。ただ、高校には行きたいとは思っていたけれど、今考えるとそこまで真剣に考えてなかったように思う。第一志望は兄や島の人で海運業に従事していた人がいたことや、出光の大きなタンカーを動かしたいという子供の頃と変わらぬ夢もあって、児島にあった船員学校（現在は廃校）を受けたが不合格。その頃の船員学校の倍率が高かったこともあるけれど、こっちも何の受験対策もしていなかったから当然といえば当然の結果だった。もう少しちゃんと勉強をしておけば良かったと、今でも船だけに後悔（航海）している。

現在の学生なら受験前に第一志望はこの学校で、第二志望はあの学校と受験の際にきちんと計画を立てるのが常識だろうが、当時の私は第二志望の学校なんて考えていなかった。船員学校を落ちた時になって、ようやく〈じゃあ、どうしようか〉となった。完全に終わっている。

そして近隣の高校で唯一、受験の機会が残っていたのが岡山県山陽高校の建築科だった。確か中学の教頭先生の薦めもあったように記憶している。

建築科を選んだ理由は従兄弟に大工仕事についている人がいたので、大工仕事を身につければそれなりに仕事にありつけるだろうと考えた。今度は無事に合格したので一安心したが、入学後になって大きな誤算があることに気がついた。

大工仕事と前述したように、私は建築科では大工さんになる技術を教わるものだと思っていた。しかし、実際は大工ではなく建築士を目指す学科だった。もちろん入学前に学校から用意するように言われたモノも製図用の鉛筆やT定規で、金づちや鉋のような大工用具は一切なかった、普通その時点で気がつきそうなものだが……。大半の同級生は建築科がどういう学科か理解した上で入学していたと思うが、私がそれに気づいたのは四月になって学校が始まってからだった。

授業では図面を引いて、その模型を作ったりといった細かな作業ばかり。自分は本当に寝耳に水だった。おまけに製図版の上に丁寧にムラなく線を引くみたいな作業が最も苦手な作業で、多分、世界中で私に一番向いていない学科だった。しかし、親には心配をかけたくなかったのでとにかく行くだけは行こうと思った。正直、これが三年も続くのかと思うと本気で自主退学したいと思った。

こうと、親には本心は告げられなかった。

全くもって大誤算のスタートだった。実はもう今のおかやま山陽高校には建築科はなくなってるのですが、それはそれで寂しい。

苦手ながらも最後まで投げ出すことなく卒業した思い出深い学科なのである。

バレー部に入部はしたが…

初めて島を出て笠岡市での一人暮らし。いよいよ高校生活がスタートした。それまで通学というものは船で行くものというのが当たり前だったが、この時から電車通学になって、急に都会の人になった気分だった。

住まいは、高校生相手の安アパートで、食事は自炊もしたが、島の先輩も同じアパートにいたから連れ立って外に食べにいったこともあった。ただ、入学直後の生活の記憶はかなり曖昧。というのも自分が想像していた建築科というものと、実際の授業内容があまりにも違っていて、自分が何をすべきか毎日戸惑いながら生活をしていたので、生活面はどうにも思い出せないというのが本当のところだ。

ただ、部活だけはバレー部と決めていた。中学で夢中になれたものの一つだからだ。バレー部には中学の先輩が何人かいるというのも安心材料だった。

高校バレーとなれば、かなり本格的にできるのだろうと期待もしていた。

厳しい環境で練習をして、自分の精神面の弱さを克服したいとも考えていたのだ。

ただ、入部したものの、当時のバレー部は和気あいあいとした雰囲気、少し期待外れという感は拭えなかった。厳しい部活動というより楽しい同好会のイメージ。顧問の先生もバレー部を率いて……的な先生ではなく、仕事の一環として顧問をしてくださっているという感じで、つきっきりで指導をするということはなかった。もちろん正式に認められている部活なので練習は普通に行われていた。しかし、生徒だけの練習だとそこまで厳しくはなく、個人的にはかなり物足りなさを感じた。

そして、このクラブ活動で大きなショックを受けることになったのである。入部して間もない頃に行われた笠岡商業との試合がそれだ。笠岡商業はバレー部が強いということで、一緒にやっていた同級生の多くが進んだ高校だった。その試合でまったく歯が立たなかった。技術もさることながら、あらゆる面でレベルの違いを見せつけられた。着替え、集合、ウォーミングアップ、最初から全ての動きのスピードが明らかに違っていた。相当ショックを受けたのだろう、実は自分が試合に出たかどうかすら覚えていないが、相手チームの様子が今でも目に浮かぶ。相手選手のシューズのキュッ、キュッという音の違いさえ今でも聞こえてくる程に強烈なインパクトがあった。
スポーツの上達は、本人のやる気はもちろん大事だが、どのような環境の中でやるかが特に大事だと肌で感じさせられた。中学の頃までは能力にそれほど差があるとは思えなかった同級生だが、このままでは大きく差がついてしまうと焦りを感じた。

その思いを決定的にしたのは五月の連休で帰島した時のことだった。笠岡商業に進んだ仲間も帰っていたので、皆でOBとして中学のバレー部に顔を出した。後輩たちにアドバイスをするのだが、私のアドバイスと彼らの指導するのがまるで違う、言葉の説得力が違うのだ。それは後輩の反応が全然違うことで歴然としていた。

たかだか一ヶ月のことなのに笠岡商業の彼らはすでに高いレベルの環境に

身を置き、意識も、使っている言葉さえ違っているのだ。後輩たちは、うまくなりたいから彼らの話を聞きたがる、私のところには誰も話を聞きに来ない、それは当然のことだ。これは頭では理解できるが、やはり寂しいし、悔しかった。ついこの間までレベルの差など全く無かったはずの彼らなのに、自分だけが一人取り残されてしまったと孤独を感じた。あれには本当に落ち込んでしまった。

「空手」が閃《ひらめ》いた!

人生の転機というのは不思議なものだと思う。高校に入って激しく落ち込んだことがきっかけで新たな道への扉を開くことになるのだから。

自分で書くのもなんだが、私の長所の一つが、落ち込んでもすぐに前向きになれるところだ。しかも、前向きになれると不思議とパッと閃きが生まれるのだ。

この時、後輩に見向きもされないことに激しく落ち込みながら、あの高校でバレーをやっていても意味が無いと決別の思いが明確になった。

そして、思ったのは誰かと比較するから落ち込むんだということに気がついた。皆んながやってるバレーではなく、他人と比べられないことをやればこんな気持ちから解放されるのだという想いになった。

その時に閃いたのが空手だった。なぜ空手だったのか？

当時、少年マガジンで『空手バカ一代』が連載されていた（ただし私は読んだことがなかった）。それが人気でアニメ化されてテレビ放映もされていた。ただ私はバレーボールに夢中だったので、全く意識していなかった。それでも、いつの間にか何らかの影響は受けていたのだろうと思う。それが突然の閃きにつながったような気がする。

しかし、このアニメの影響だとしても、それは子供たちの話で、小飛島で大人が空手をやっている人など皆無、これまで誰もいない。島始まって以来の空手なら当然、誰とも比較されない。〈これだ!〉と心の中で確信した。

それにしても空手を始めた理由が、他人と比べられたくないからという、当時はそんな風には考えなかったが、今思うと私の負けず嫌いな一面が色濃く出ていると思う。

空手という言葉と、何となくのイメージは頭の中にはあったが、実際どのようなものかは全くわからなかった。ただ、閃いた空手という言葉が頭から離れずにいたのは事実。笠岡市に戻ったらどこかに空手道場があるか誰かに聞いてみよう、そう考えていた。今のようにインターネットで調べようなどという時代ではないので、誰かに聞くしかないのである。

ここで、面白い発見があった。実は「空手」がすぐ近くにあったのである。意識の上に登ってこなければ目の前にあっても目に入ってこないというのは脳のメカニズムだが、私にとっての空手がそうだった。岡山県山陽高校(以下、岡山山陽)に空手道部があることなど入学してからも全く知らなかった。ところが、空手というキーワードが頭にあることで、それまで全く目に入ってこなかった空手が、突然飛びこんできたのである。

体育館の片隅でひっそりと練習している姿に、〈あれって、空手だよな？ウチの学校、空手道部があるんだ〉と初めてその存在を認識したのだ。

片隅でひっそり、と書いたが、そう感じたのは最初だけで、その様子にきちんと目を向けてみると顧問の先生の引き締まった声と部員の先生の指示に大きな声で返事をしてキビキビ動いてる姿がやけに印象に残った。

自分で言うのも何だが、真っすぐな性格なので、いったん空手道部のことを意識しはじめるともう止まらない、色々聞いてまわった。

顧問の山本茂先生は大学空手道の経験者じゃない、しかも競技としてどのくらいのレベルにあるかなんてことはわからなかった。しかし、山本先生は毎回指導に出ていて、熱心に指導をしている、空手道部の練習している空間がとても輝いて見えた。

空手が強くなるかどうかは、わからないけれど、〈山本先生の下でやればメンタルは確実に強くなるはずだ〉と確信した。

もちろんバレー部の居心地は悪くなかった。しかし、そもそも高校の部活では精神的に追い込める厳しい環境を求めていたはずだ。〈俺の求めているのはこれだ！〉とドンドン空手の存在が頭の中で大きくなっていった。

そこまで気持ちが盛り上がってしまうと行動は早かった。六月か七月かはハッキリ覚えていないが、本格的な夏を迎える前に山本先生に「空手道部に入りたいです」と直談判した。

山本先生も「じゃあ、入れ！」とあっさり認めてくださり、空手道部への入部が決定。

さらに学校の寮の寮監も務めていた山本先生から「空手道部に入るんなら、どうだいっそ寮に入るか」と言っていただいた。

市内のアパートを引き払って高校の寮に住むことになった。寮は空手道部だけでなく、色々な部の人や部活に入ってない人もいたが、基本的には自宅から通えない遠隔地の生徒のための施設だった。もっとも遠隔地といっても、スポーツ強豪校となって全国各地から生徒が集まる現在とは違って当時の寮生は私のように島嶼部《とうしょぶ》や県内でも遠い場所から通っている生徒が多かった。かくして私の恩師となる山本先生、そして空手との長いつきあいが始まったのである。

得も言われぬ感動に包まれる

入寮するにあたっては、親の承諾が必要だと山本先生に言われ、親に事情を説明しなければいけなくなった。

何の説明もなく、いきなり「空手を始めるので寮に入るよ」と伝えてしまったところ、親はもちろん親戚中から、賛成、反対よりも前に「お前が何を言っているかわからない」と驚かれてしまった。

高校進学をきっかけに何か新しいことを始めるにしろ、空手という選択肢は誰の頭の片隅にもなかったのだろうと思う。もちろん私も同様であった。

当時、空手はほとんど認知されておらず、特に大人にとっては相当に縁遠いモノだった。ただ一点、空手道部顧問の山本先生が寮監として一緒に住んでくれるというのが安心材料だった。驚かれはしたけれど、空手道部入部や寮への引っ越しに対して反対されることは無かった。

島の人は誰も空手がどんなものか知らなかった。かくいう当事者の自分も空手についてはまったく知識が無いというのだから笑い話のようである。

ただ、今日から空手道部員になるという第一日目、その日は朝から妙にソワソワしていた。そして、部活が始まった瞬間からこれは自分に合ってる、とのインスピレーションがあった。道着の袖に腕を通しただけで、もう嬉しかった。

山本先生から指導を受けたのだが、すべて初めてのことなのにまったく戸惑いがなかった。少しオカルトティックになるが、〈俺、前世で空手やっていたかも〉と思いたくなるほどに、本当に空手が自分の性格に合っていた。そこからはもう空手に夢中で、生活の真ん中に空手がどっかりと収まった。

今になって思うと寮に入ったのも良かった。アパートだと学校や島の仲間が遊びにくるからどうしても空手に集中するということが難しかっただろう。高校時代といえば、色々な誘惑が襲いかかる時代だと思うが、私には空手が全てだった。実際、寮に入って以降の高校時代の思い出は空手道部のものばかりしかない。それほど空手に惚れ込んでいたのだ。

もっと強くなりたい

山本先生の指導は挨拶や礼儀、精神的な部分は想像通りの厳しさだった。一方、技術的な指導に関してはそこまで厳しくはなかった。というのも当時の空手道部は毎日、体育館を使用できなかった。体育館が使えたのは月・水・金の三日、土曜は実家に戻って過ごしてた。いわゆる空手の強豪校に比べると間違いなく練習量は少なかったはずだ。

私たちは、体育館を使えない日は部員全員で校庭で校歌を歌ったりもした。これは部員の心をひとつにするのと度胸をつけるという効果があったが、基本的には技術的な練習はできなかった。空手をやりたくて仕方がない私にとっては少し残念な環境だった。

そんな私の目に留まったのが、すでに四月から空手道部に入っていた佐々井教人だ。空手には型と組手があるが、佐々井は早く入った分、形をたくさん覚えていて、しかも上手だった。形もレベルが上がるとどんどん複雑になっていくが、佐々井にはもともと形が向いてたのか、自分から見るととんでもないスピードでレベルが上の形に進んでいた。

空手を始めたばかりの私は形はちんぷんかんぷんで、佐々井に勝つなら組手しかないと勝手にライバルに設定していた。はたして佐々井は当時の私の思いに気づいていたのかどうか。彼とは今でも付き合いはあるので機会があれば聞いてみたい。

佐々井は、体育館の使えない日は学校から電車で一時間少しかけて倉敷市の空手道場に通っていた。〈ライバルにこれ以上、引き離されたくない！〉と私もすぐに火・木は佐々井と同じ道場に通うことに決めた。ライバルの名を出して、もっともらしい理由を書いたが〈とにかく空手がやりたくて仕方がなかった〉というのが当時の本音だった。

学校の空手道部で山本先生にメンタルを鍛えてもらって、空手の技は道場の先生や経験豊富な一般の方（大人）から教えてもらう日々を過ごした。

私はとにかく空手が強くなりたくて仕方がなかった。道場までの電車でも窓から電柱が見えたらパン！　と突きを合わせたり、パワーアンクルをつけて学校の授業を受けたり、島に戻った時も海の中で突きを出したり……どんな場面でも空手のプラスになるよう行動していた。空手漬けの毎日。今、考えると本当に幸せな時間だった。

勇気を出して跳び込み

私にとって空手道の初めての大会は高校一年生の岡山県の新人戦だった。「とにかく落ち着いて戦え、もし一回戦を勝てたら上出来だ」と山本先生に言われ、コートに向った。それが何と、そこで私は個人組手で優勝したのである。

当時は倉敷工業がインターハイの常連で県内ではめちゃくちゃ強かった。先輩たちも倉敷工業の選手と当たるとわかったら、その時点で〈もう負けだ〉という空気だったが、私は倉敷工業と当たることになっても先輩たちのようには弱気になることは一切なく、ウキウキした気持ちで試合をしたら何と勝ってしまった。私以上に先生や先輩が大興奮していたのを覚えている。

勝因は何だろう。まず山本先生の指導でメンタルは確実に強くなっていた。強豪と試合をすることになってもまったく緊張しなかった。道場で一般の部の方々と組手をやっていたことも自信につながっていたかもしれない。知らぬ間に技術も伸びていたのかもしれない。体力面、特に瞬発力に関しては入部当所からかなり自信があった。階段をダッシュしたり、砂浜を走ったり、瞬発力は中学時代のバレーの練習で磨かれていたのだろう。

その頃の私の戦い方は相手の懐に跳び込んでの中段突き、ほぼこれ一本槍だった。特に気をつけていたのが怖がらないで前に出ることを第一に考えていた。

私の中では勇気を出して相手の懐に跳び込むことこそ、空手道部に入部した時に自分で立てた目標『プレッシャーに負けない強いメンタルを身につける』の証明だったのだ。

試合の評価は勝ち負けはもちろん大切だが、私にとっては、勇気を出して前に出られたかどうか、が個人的には重要な判断材料だった。

『チャンスの女神には後ろ髪がない』という西洋の諺がある。チャンスが訪れた時に間髪入れず捕まえないと、追いかけて捕まえようとしても後ろ髪が無いから掴めない、という意味だ。これは本当によくわかる。私の場合そのチャンスがきたら即座に前に出る。一瞬でも迷ったらこのチャンスは逃げる。だからいつでも『チャンスに後ろ髪が無い』ことを常に意識し前へ出続けた。

この新人戦では個人戦だけではなく団体戦も優勝した。山本先生はもちろん喜んでくれたが、もっと喜んだのが校長先生だった。

それまで岡山山陽のどの部活動も県大会で優勝するという記録はなく。すべての競技を含めて私たちの空手道部が県大会で初めての優勝だったことを後から知った。

校長先生が泣いて喜んでくれた。大会終了後には学内にあった校長先生のご自宅で焼き肉パーティーを開いてくれる程だった。

田舎の私立の工業系の学校だから……まあ、悪い生徒も多く、そのような中で、部活の一つが県で優勝というのは学校のイメージアップにつながるということはあったとは思うが、校長先生にしてみれば、自分の生徒が県でナンバーワンだということが心の底から嬉しかったのだと思う。指導者になってみて、あの時の校長先生のお気持ちが痛いほどわかる。

高校卒業したらどこで働くか

さて、高校三年になっても相変わらず空手、空手の毎日を過ごしていた私、進路なんて本当に何も考えていなかった。今の感覚だと考えられないかもしれないが、事実親からも「高校出たらどうするの?」と聞かれたこともなかった。

とは言うものの、当時の建築科の同級生との会話を思い出すと「卒業したら大工でもやるか」くらいの考えはあったと思う。ただ言えるのは、卒業して大学進学という選択肢は誰も思っていなかったし、当然私もどこか働くところがあるんじゃないかという感じだった。

具体的にこの仕事をやりたい、どこどこに就職したいと考えていた人はあまりいなかったのではないかと思う。生徒だけでなく先生も親たちも万事のんびりしていたように思うが、どうだったのだろう。さすがに50年近く前のあの頃の雰囲気は思い出せない。

文武両道といきたいところだが、学業での思い出は卒業制作も相変わらず製図が苦手なままだった。寮生の後輩で、製図が得意なヤツに手伝わせたら「横道の製図がこんなにうまいワケがない」と担当の先生にすぐにバレてしまって、結局苦手ながらも一人でやらざるを得ない、というあまりにも情けない状況だったことを告白しなければならない。このような状況ではあったが、それを遥かに凌駕する空手にまつわる思い出が山のようにある。本当に幸せな日々だった。

国士舘大学空手道部の合宿に参加、そして……

岡山山陽の快進撃は続く。私が三年になった年、どの部活もなし得なかった高校創設以来初めてのインターハイ出場を空手道部が果たす。しかも成績も悪くなかった。優勝した相手に僅差で負けてのベスト8。私は我が校が勝ったと思ったが……。

余談だが大学進学後、あの時に負けた相手に「今度は絶対勝つぞ」と思って、優勝したその選手の進んだ大学がどこか調べた。その彼は法政大学に進んでいた。でも、大学では残念ながら対戦する機会はなかった。私は負けず嫌いだった。もう名前も覚えていないが今頃、彼は何をしているのだろうか。

佐々井は三年になるとキャプテンになるのだが、自分の想いとしては最後までライバルのままだった。もちろん同じチームなので試合ではちゃんと応援する、それは当たり前。だが、大会の成績では負けたくなかった。ずっとライバルでいられたのは階級が違っていたのと佐々井は形競技、自分は組手競技と得意な分野が別れていたからかもしれない。

当時の私は形競技に苦手意識を持っていた。胸を張って言えることではないが、順序通りに覚えるということが苦手だった。大学、社会人と空手のレベルが上がっていくうちに覚えなければ、などと文句を言ってるようではダメだって気がつく。結局、組手も形も体が勝手に動くようにならないと勝てないのだ。

それはさておき、佐々井には本当に感謝している。彼に出会っていなければ組手の方が自分に向いていると気づかなかった可能性もあるし、道場にも通っていなかった。自分の空手人生に大きな影響を与えてくれた、かけがえのないライバルなのだ。

そして三年生の夏に自分の将来を決定づける出来事が起こった。

県北部にある津山市に有力な国士舘大学の空手道部ＯＢがいたため、国士舘大学の空手道部が夏合宿をすることになったのである。この話が山本先生に届いた。先生は空手道部出身ではなかったが国士舘大学の出身だったので、その情報が耳に入ったというわけだ。

「おまえたちも合宿に参加してみないか」と山本先生から提案された。当時の空手道部員は七、八人いたが、この合宿に参加したのは自分とキャプテンの佐々井ともう一人の三人だった。いきなり大学生の合宿に誘われて尻込みをした部員もいたのかもしれない。当時は硬派中の硬派という印象がある国士舘だし……。

ただ、私は道場で大人と稽古をしていたし、国士舘は空手の流派も岡山山陽と同じだし、何とかなるとの考えだった。実際に参加してみた結果だが、練習に関しては何とかなった。

ただし、衝撃を受けたのは合宿二日目の朝食だった。私たち三人も国士舘の部員の皆さんとテーブルを共にしたのだが、一年生の部員の姿に驚かされた。皆さん大きな声で「いただきます！」と言ったと思ったら、全員がパッと食パンを丸めて一気に口に放り込む、見たこともない光景だった。どうやらこれが空手道部の一年生の食事のルールらしい。現代の感覚では考えられないルールだが、当時の私にはこんなビシッとした厳しい環境で空手をやれば、もっと自分のメンタルを強くできるんじゃないかと本気で思った。私にとっては、新鮮な刺激を受けた有意義な合宿だった。部員全員で来ていればえ良かったのにと残念な思いさえした。

この合宿から寮へ山本先生が運転する車で向かっていた。この車中、自分の将来を決定づけることが起こった。山本先生に突然こう言われた。

「おまえ国士舘からスポーツ推薦の話があったんだ、どうする？」

前述したが、私は三年生だったが、高校卒業の具体的な進路など考えていなかったし、どこかに就職先があるだろう、くらいにしか考えていなかった。ましてや、大学進学という選択肢は本当に考えたこともなかった。それだけに本当に驚いた。

食パンの食べ方に驚いたと書いたが、もちろんそれだけではなく一年生のキビキビした行動力や挨拶、物事に取り組む姿勢がとても気持ちがよく、清々しい印象として残っていた、あの中に自分がいる姿を瞬間的に想像したら、腹の底から嬉しさが込み上げてきた。

「行きます！」私は間髪入れず答えていた。

車中で色々想像を巡らせた。気分はもう大学生だ。大学職員となった今だから思えるのだが、あの日の合宿に合流したのは、私の推薦をどうするかセレクションの意味があったのだと思う。その後、山本先生に確認したことはないが……。

山本先生は学校に戻ると自分の親にも国士舘大学からこういう話が来ていると事情を説明してくれた。ただ、大学進学をした人が親戚にもいなかったので、親はあまりピンと来ていない。親も卒業したら働き始めるものと思っていたので、またお金がかかるのは想定外だと思ったろう。山本先生から学費は半分免除されると聞かされ、最終的には家族会議となった。私が三男だったことが幸いした「兄二人も働いてるし、行けるんなら行きなさい」とゴーサインが出た。

後で知ったのだが、国士舘の空手道部はそれまで体育学部公認の部活動ではなかったので特待生の枠がなかったのだという。私は記念すべき特待生第一号だったのだ。

特待生だからと言って受験が無いわけではないし、面接もあるんだと言って、山本先生はどっさりと参考書を買ってくれた。どれも早稲田や、慶應向けのような参考書らしく、結局積読（つんどく）だけだったが、先生にはそのようなことは言えなかった。

「空手だけやってれば良いというのじゃないぞ。単位を落とせば即刻退学になるんだ」と戒めてくれた。きちんと勉強もして卒業しなさいということだったと思う。我がことのように喜んでくれた恩師の有り難い気遣いだった。

山本先生との約束

国士舘大学への進学が正式に決まり、私は恩師の山本先生と三つの約束をした。

一つ目は四年生になったらキャプテンになること。

二つ目は授業は絶対に休まず、きちんと四年で卒業すること。

そして、三つ目は特待生であることを絶対に忘れないこと。

「特に大事なのは三つめ、常に心して行動しなさい」と言われた。

最初の二つの約束、これは部活でも勉強でも頑張るのは当たり前のことだけれど、それも自分のためだけではない、三つ目につながるのだと諭されました。つまり、自分が特待生として結果を出すことで後輩の道が開ける、そのことを頭に入れて行動しなさいという意味だった。

私は大学へ行けるということで、少し浮かれていたところがあったと思う。しかし私の言動行動が後輩の運命をも左右するかもしれない、そうした責任があった上での特待生なのだということを肝に銘じさせていただいた。

例えば、部活ではどんなにハードな練習でも疲れたって顔は絶対にしない。みんなは疲れていても平気な顔で練習すれば「さすが横道は特待生だな。高校は岡山山陽か、またあそこから採ろう」ということになるということだと理解した。逆に特待生としてふさわしくないと思われてしまえば、岡山山陽高校の特待枠の可能性は途絶える。

そして、今でも岡山県山陽高校空手道部に国士舘大学の特待生の枠はある。もちろんそれは私一人の力ではなく、後に続いた特待生の後輩たちが頑張ったからだが、自分が母校の伝統の起点になったことは何よりの喜びである。

第二章　大学生時代

寂しさと戦っていた大学一年

国士舘大学体育学部に入学した私の大学生活は体育学部の学生寮である松陰寮からスタートする。

寮生は全員いずれかの体育会（部活）に所属しているため、誰もが上下関係の厳しい寮生活を想像して入学してくる。かくいう私も何も知らないなりに、色々想像し、上級生からのビンタの一つや二つは当然あるのだろうと覚悟して入寮した。ところが、先述したように私が空手道部の特待生の第一号、つまり寮生の中に空手道部は私一人しかいないという格好だったので、寮に空手道部の先輩が誰もいなかったのだ。

他の部活の先輩たちも寮で空手道部の人間を見るのが初めてなので、どう扱っていいかわからなかったと思う、他の部のことにはかかわらないでおくとの判断からか、上級生から何かを頼まれることも、何か言われることもなかった。そもそも誰も話しかけてこなかった。

部屋は四人部屋を三人で使っていた。四年生のウエイトリフティング部の人がいわゆる部屋長で、一年生は僕ともう一人いたが、その子もウエイトリフティング部だった。当然、部屋長も何か頼みごとがあれば同じ部のその子に言いつけるし、今日の部活はどうだったみたいな話もその子とするワケである。

気がつけば、部活が終わって部屋に戻ったら、黙って二段ベットの上に寝転んで天井を眺めるような生活になっていた。後は、先輩が電気を消したら寝るだけだった。

一年の時は、初めてのことばかりで慣れるまで色々大変だった。そして、何もすることがなかった寮生活が一番辛かった。先輩から怒られたり、雑用を頼まれている同級生がうらやましくて仕方がなかった。

部屋にいてもやることがないので、六階建の寮の屋上に一人で上がって母校の方角をよく眺めていた。今思うと完全にホームシックだった。体育会の寮生活の厳しさはなんとなく想像していたし、山本先生との約束があるからそれは耐えられると考えていたが、寂しさとの戦いは想定外だったのである。

高校時代も寮とはいえ実家にはしょっちゅう帰っていたので、完全に家から離れるというのは初めての経験だったし、もちろん寮でも孤独を感じるなんてことはまったくなかったから、本当にあの松陰寮での一年は自分でもよく耐えたなと思う。

勉強も大変だった。まず、履修の仕組みがよくわかっていない。単位の取り方もよくわからない。中には、その授業が何を教えてくれているのかさえもわからないというのもあった。それでも一年の時はわからないなりに54単位を取得した。とりあえず取れる単位はすべて取った。おそらく学部の卒業とは関係ない単位もいくつか取っていたと思う。

仮に一度本試験で落ちても必ず追試験を受けて単位を落とすことはなかった。恩師との約束、「特待生であることを絶対忘れない」は片時も忘れなかった。後輩の未来を潰すわけにはいかないと心していた。

空手道部の練習はついていけないという程には厳しくは感じなかったが、

質の違いを痛感した。さらに、レモン石鹸でタオルを洗った後の畳み方を筆頭に一年生が覚えなきゃいけないことはそれなりにあったが、〈四年時にはキャプテンになる〉と決めている私は、特待生の自覚で余裕の顔でこなしていた。そもそも一人で寮にいるより部活の方が断然楽しかった。

ちなみに当時の体育学部の武道系の部活では剣道部が飛び抜けた存在だった。驚くなかれ部員が約三百人もいた。私は寂しさと戦っていたが、剣道部の部員は大会のメンバーに選ばれるまでの部内での戦いがとてつもなく大変だったのは想像に難くない。日本武道館よりも広い道場で行われる練習も大迫力だった。

一方空手道部はどうだったかといえば、剣道部の部長が空手道部の部長を兼務していた。このような事情もあって、道場の隅っこを間借りして部員約20人くらいが練習していた。そういう環境だったこともあり、練習時間もそこまで長くなかった。剣道部の練習が終わるのが六時で、それまでは空いているスペースを使い柔軟をしたり、走ったり。本格的な稽古は六時半くらいから集まった順番にスタートをして、十時くらいに終わっていた。もちろん寮の部屋に戻る時は大きな音を立てないよう心掛けてました。

当時の大学空手界での国士舘大学空手道部の実力はと言えば、実績はまだなかった。流派のリーグ戦で個人の部では上に行く人も少なくなかったが、名門と言えるほど実績のある部ではなかった。

滝本先生との出会い

私にはもう一人恩師と呼ぶ人がいる、滝本洋三先生だ。滝本先生とは高校一年の吉備高校との合同合宿で初めてお会いした。吉備高校空手道部の顧問だったのが滝本洋三先生で、この時はあまり話をすることもなかったのだが、何か妙に気になる先生だった。

滝本先生は私が卒業した昭和53年（1978年）吉備高校から岡山山陽に

転任された。このため直接指導を受けることはなかったが、滝本先生には公私共にお世話になることとなった。というのは、帰省するたびに私は母校を訪ね、空手道部に顔を出していた。先生とは最初から空手を通して親しくお話をするようになった。

帰省をする度ごとに滝本先生のご自宅にお邪魔をしては、奥様にも大変お世話になってしまった。

滝本先生のお話しにはいつも驚かされた。大学でもやっていない最新の練習や、どうしたらそんなことを思いつくのかというユニークな指導が多く、〈なるほど、こんな教え方もあるのか〉とただただ感心することしきりだった。

特に選手を気持ちよく試合に臨ませる指導は抜群だった。滝本先生と空手の話をするのは本当に楽しく、いつのまにか帰省をしても小飛島の実家に戻る前に滝本先生のご自宅に泊まるようになっていた。当時の私の悩みもたくさん聞いてもらった。監督と選手という関係性ではなかったが、岡山山陽を通して出会った、私の空手のもう一人の恩師なのである。

滝本先生が赴任し、岡山山陽の空手道部は山本先生と滝本先生の二人体制となってどんどん全国区となって行った。二人のタイプが違ったのが良かった。礼儀や精神性をしっかりと教えるのが得意な山本先生で、空手の技術、試合の駆け引きを教えるのが上手かったのが滝本先生だ。二つの指導がうまくミックスされたことで岡山山陽の空手道部は安定して抜群の成績を残すようになった。このタイプの違うお二人の恩師と出会い、それぞれ学べたことが自分が指導者になった時に大いに参考になったのである。

そして、私が大学生となった時から、技術面で色々とアドバイスをいただくことになるのである。

大学での全国大会デビュー戦

私の大学での全国大会の初試合は、一年で出場した昭和53年（1978年）

11月に行われた第22回全日本大学空手道選手権大会の団体戦だった。福岡大学との三位決定戦が引き分けで終わり、代表戦で決するという場面。監督に突然「横道、出ろ！」と言われた。普通はあり得ない。最も大事な場面で一年生に運命を託すことはできない。

私はその場面で起用されたことが最高に嬉しかった。だから、緊張も気負いもなく、〈待ってました！〉という気持ちで試合に臨んだ。山本先生との約束「四年生になったらキャプテンになる」という約束があったから、将来のキャプテンがこんなところでビビってられない。

指名されたからには代表としてやる！　やる以上は期待に応える。そして、期待に応えることができた。監督も先輩たちも大興奮で喜んでくれた。勝てた喜びより、みんなが喜んでくれていることが嬉しかった。

この全国三位は国士舘の空手道部初の快挙となった。その褒美だと言って、「練習は一週間休み、自由に遊んでこい！」となった。

一年生の時は、記憶が正しければ一つも負けなかったと思う。二年生からはレギュラーの座が確定し、あらゆる試合に出場した。レギュラーとなるということは責任が伴うということだ。だから、もっと強くなりたい、勝てる力をつけたいという気持ちはどんどん高まった。そして、どの試合も全力で臨み、その経験がすべて血肉となった。こうした経験を積み重ねることができたというのはとてもありがたいことだった。

当時、ただ夢中だったから、自分が強くなっているという実感は無かったと思う。ただし、経験を重ねるということには大きな意味があった。どんな相手と対峙しても気後れするということが全く無くなったからだ。技術的には自分より高い相手であっても恐れるということが無くなった。この感覚を得たということは、私の空手道人生にとって大きい収穫だった。

高校の時のスタイル、勇気を出して前に出る、という戦い方が、さらに一段高まったと思えた。勇気を出して、ではなく常に前に出る、つまり前へ出ることが当たり前になった。むしろ、「引かない戦い方」が私のスタイルになったのがこの時代だった。「前へ出る」と「引かない」は似ているように思われるかもしれないが、全く次元が違う。仮に技術が劣っていても勝てるチャンスを得ることができるのである。

当時の自分を振り返ってみると、経験を積むことで、気持ちのコントロールができるようになったと思う。だんだん試合の流れが見られるようになった。ありきたりな言葉でしか表現できないが、「肝《はら》が据《す》わった」状態をだんだん作れるようになっていたと想像できる。

変化する寮生活

一方、二年生になってからの生活面だが、こちらも大きな変化があった。

実は、後輩の松陰寮への入寮があるのだろうと楽しみにしていたが、残念ながら空手道部は結局自分だけ、私に続く空手道部の特待生はいなかった。これは残念だったが、どういう理由だったのかはわからないが、嬉しいことに部屋替えで一人部屋を与えられた。

そうなると同級生たちはまだ先輩と相部屋だから、違う部活の同級生が私のところに遊びに来るようになった。私の部屋で練習がキツいとこぼしたり、先輩の悪口を言ったり…。

他部の同級生の友達はたくさんできたが、ここに空手道部の先輩は誰一人おらず、空手に関することを話すことは相変わらず無かった。しかし、同級生の話し相手ができたお陰で一年の時に比べると精神的に随分と楽になった。

大学生活はずっと空手中心だった。都会暮らしの色々な誘惑に『それも勉強だ』と思ってつきあうこともあったが、常に空手が優先順位一番だったからそれに溺れることはなかった。

遊んでいる最中でも頭の中では空手のことを考えていた、だから何かの経験も、これをどうにか空手に活かせないかと考えているという風だった。人込みの中を歩いていても人を直前でパッと交わしたり、信号が変わる瞬間に頭の中でパンと突きを出したり……頭の中は強くなるという想いでいっぱいだった。

松陰寮での生活は三年生になると突然終わりを告げた。陸上部の使っていた建物を空手道部の寮として使えることになったのである。

畳敷きの部屋で後輩と相部屋だった。部員が一箇所に集められることになった。ただ四年生は数ヶ月もすれば部活からは離れるので入寮しなかったと思うが、ミーティングには全員集まった。

とにかく寮生全員が空手道部ということで、和気あいあいとした雰囲気だった。全員が揃ったということで朝練もスタートした。食事は自炊が基本のはずだったが、連れ立って外に食べにいくことも多かった。

皆んながどう思っていたかはわからなかったが、部活の専用寮は個人的にとてもありがたかった。何より自分のペースで練習ができるからだ。

私の経験では、松陰寮では何をするにも気を使った。専用寮なら自分たちの判断で朝練を始めたり、大会が近づけばメニューを考えたりできる。練習の充実度は確実にアップした。

空手道部員には体育学部の部員とそれ以外の学部の区別があったが、寮には体育学部以外の部員も入れた。山本先生との約束の〈四年生になったらキャプテン〉があったので、下級生はどんな考えの子なのか、強いのか、弱いのかを知ることもできるし、自分の空手に対する情熱も見せられると考えると全員一緒という環境は本当によかった。

そして、四年生になり泉賢司監督からキャプテンに指名していただいた。恩師との約束をまず一つ達成でき、ホッとした。

私は言葉で部員を鼓舞するのはあまり得意じゃなかった。どちらかと言えば背中で引っ張るタイプだった…のかなぁ。当時の部員に聞いてみたいような気がする。

充実しはじめる大学時代の空手道

大学時代の試合の思い出はやはり試合数の多かった日本空手協会主催の春・秋の関東学生空手道定期リーグ戦（以下、リーグ戦）だ。全ての大学を覚えてないが、同じリーグに参加していた駒澤、帝京、大正、青学といった各大学の空手道部と、春・秋の二回しのぎを削っていた。どの学校にもこれは手ごわいなという選手がいた。高校時代の私にとっての佐々井がそうだったように身近に負けたくない相手を設定するとそれまでと同じ練習をしても「相手はもっとやっているかもしれない」とより気合が入るので、選手に薦めている。相手をリアルにイメージした方が同じ練習でも効果はアップする。

リーグ戦の参加校で当時強かったのは駒大。リーグ戦なので、どの試合も大事だけど、駒大との試合はいつも以上に気持ちが入っていた。意外に思う人もいるかもしれないが、試合となればバチバチのライバル関係でも、それ以外の場面ではどの大学の空手道部とも関係は良好だった。駒大の師範の大石武士先生が定期的にウチの学校に指導に来てくれていたように、大学は違っても同じ空手仲間という意識は強かった。

他大学との合同練習もよく行っていた。私はお酒がそれほど強くはなかったので、グデングデンに酔っ払って、肩組んで、みたいな付き合いはできなかった。だが、卒業してからも空手を通じて人間関係が深まり、当時を振り返りながら打ち解けて話をするようになった。空手を通じて仲間の輪がどんどん広がっていくのも大学空手の大きな魅力のひとつだ。

リーグ戦の中で実力的に頭ひとつ抜けていたのは駒大だったが、国士舘も結構頑張った。私の大学における戦績だが、昭和54年（1979年）の春と昭和55年（1980年）の秋のリーグ戦の団体戦で優勝している。個人でも昭和54年春のリーグ戦で三位。昭和55年の秋、昭和56年（1981年）の春は優勝している。

リーグ戦ではないが、昭和56年5月に開催された第17回東日本大学空手道選手権大会の団体組手で二位となった。大会の規模を考えるとこの準優勝が大学時代の最高成績になる。それなりの実績は残したと思っている。

そして、個人的なことになってしまうが、なんと言っても恩師である山本先生との約束通り四年時にキャプテンになって、しかも四年間で卒業したことの達成感は大きかった。

その一方で空手道部に入る時に目標というか、イメージしていた『高校時代より強い精神を身につける』に関しては、振り返ってみるとどうだったか。学年が上になるにつれ自分より実績が上の（大きなタイトルを獲得している）選手と試合をしても〈この人には敵わない〉と感じることがなくなった。技術も大きく向上したと思う。

だが、負けた試合もある。それらを振り返って見ると、プレッシャーなのか、気合が入り過ぎての空回りなのか、原因は試合によって違うが、精神的にバタバタして自分の空手ができてないことが多い。名将・野村克也監督は『負けに不思議の負けなし』とよく言っていたが、まさにその通りだと納得する。

高校時代よりは、遥かに強くなってるとは思うが、胸を張って精神面の弱さを克服したとは言えないレベルだった。しかし、逆を言えば精神面を向上させれば、まだまだ自分は強くなれる可能性を秘めているということだ。だから、そのためには〈稽古あるのみ〉と自分を叱咤激励し、負けるたびに気合を入れ直していた。

空手の道は本当に果てが無い。だからこそ楽しいと言えるのである。

学ランで教育実習

学業面の大学時代の最大の思い出は、母校での教育実習だった。

体育学科だったわけだが、特に体育教師を目指していたわけではなかった。教職課程を取った理由も、周りのみんなが取っていたからというのだから少し情けない。

正直に書くと教職課程がどういうものかをきちんと理解してなかった。だが、履修届を出した科目は恩師との約束もあって、絶対に落としたくなかった。気がつけば母校の岡山山陽で教育実習することになっていた。

実習期間と空手の大会が重なったので、学校側が少し日程をズラしてくれるという、母校なればこそのありがたさだった。

高校時代にお世話になった先生もまだ大勢おられて、少し気恥ずかしさを感じたが、みなさん「頑張ってるな」と喜んで迎えてくれた。ただ、教育実習といえばスーツで向かうのが普通だろうが、持っていなかったので、学ラン姿で母校に戻った。

恩師の山本先生は、教育実習の段階ではまだ大学を卒業してないので褒めてはくれなかった。厳しいけれど温かい人柄も懐かしかった。

母校での授業は緊張したが、これといったミスもなく満足の行く形で終えることができた。いろんな先生からお褒めの言葉をいただき、照れくさくもあったが純粋に嬉しかった。教えることも嫌いじゃないし、〈岡山山陽に戻って体育の先生をやるのもいいかなぁ〉と少しだけ考えたことを思い出す。

第四章　ファイター時代

泉監督、本当にありがとうございます

四年生だというのに部活中心の生活は変わっておらず、就職活動などは全くしていなかった。空手道部の同級生も結構、最後の大会まで部活に残っていた。もしかして私が知らなかっただけでみんな就職活動はやってたのだろうか……？

今の感覚だと相当のんびりしてるように感じるが、大学時代は恩師との約束を守ることばかり考えていた。

11月に行われた全日本大学選手権に出た後、泉賢司監督から「大学職員として残りなさい」と言っていただいた。突然のことだったが、空手以上にやりたい仕事など当然ないわけで、何の迷いもなく、返事はもちろん「ハイ！」だった。

大学職員として残るという意味は、仕事の半分は空手なのである。出勤し、職員業務を昼までやって午後からは空手の練習。実業団の選手をイメージし

ていただければいいと思う。つまり、お給料をいただきながら現役選手として空手を続けられるという非常に恵まれた環境を得ることを意味する。

大学職員という環境を得れば、何となく将来が見える。〈現役を退いた後は大学職員を続けながらOBとして空手道部に関われればいいなぁ〉と何となく考えることができたのである。

ところが、ありがたいことに泉監督はもっと明確に私の将来を考えてくれていた。

大学卒業前に「日本空手協会の研修生として二年間空手を学んで指導員を目指さないか」と提案していただいた。

監督からははっきり言われたことはないのだが、将来は大学職員兼指導者の道を考えてくれたのだと思う。かくして卒業後は大学職員になると同時に指導員を目指すことが決まり、職員採用試験に合格し、卒業後は国士舘大学の職員になることができた。

本当にありがたい話だったのだが、ここですんなり話が進まないのが私の空手人生というか、私のメンタルの難しさ。

提案された時はそこまで深く考えずに「やります！」と返事をしたものの、日本空手協会の研修生として本部道場に通う時期が近づいてくるにつれ、自分ではちょっと無理かなと考えるようになってしまった。というのも研修生を経験した四学年上の空手道部のＯＢの方や他の大学の空手仲間など各方面から「日本空手協会の研修生はとにかく厳しい！」という話が耳に入ってくる。

高校や大学の空手道部のように自分の意志で跳び込んだ時はほとんど不安も感じなかったのだが、他人から薦められた場合は負の要素ばかりを気してしまう。泉監督が将来のプラスになると思って、この指導員の道を薦めてくれたことは頭ではわかってるが、困ったことに一度不安になってしまうとなかなかそれを拭い去ることはできないのだ。

空手道部の同期に相談しても「ありがたい話じゃないか、何で悩んでるんだ。気持ちを入れ替えて頑張れ！」のようなアドバイスばかり。

空手を本気で続けたい人にとっては理想の環境だから誰もが正しい助言をしてくれる、それは仕方ないのだが……。こちらは〈あんな厳しい環境についていけるかなぁ〉と不安でいっぱいなのに、その不安には誰も気づいてくれないのだ。あんな厳しい環境と書いたが、体験もしていないのに「あんな」というのは悪い想像がどんどん膨らんでいた証拠。

おそらく稽古でも相当落ち込んだ顔をし、普段の生活も無口になっていたに違いない。四月になり、いよいよ研修生として日本空手協会の本部道場に通うという日、直前に泉監督が声をかけてくれた。

「今日一日だけ行きなさい。不安なら俺も一緒に行くし、やってみて嫌だと思うならやめればいいよ」と。

そこまで言われたら、私も行くしかありません。それで三日ほど経つと監督がまた「行けそうか、大丈夫かって」。そのやりとりを何度か繰り返すうちに研修生としての稽古にも慣れてきて、監督に声をかけられなくても通えるようになった。

これは新たな発見だった。私は指導者とは厳しくあるべきと考えるタイプだったが、こういう風に相手に寄り添って導く指導もあるんだなと。実際、私は監督がかけてくれる言葉で安心できた。この経験は後に指導者になった時に大いに役立つこととなった。

研修生の生活も慣れて

当時の生活はというと、朝は学生部の厚生課で大学職員としての仕事をこなす。それから日本空手協会の本部道場に行って研修生としての稽古。時間は12時～13時半くらい。

日本空手協会の指導員稽古は、時間は短いが強い人しかおらず、空手を職業とする、というように、目指しているものが違うため内容は非常に濃かった。加えて、研修生は稽古の前に雑用もやらなければいけないので、大学一年生に戻った感じはした。だが、そういう厳しさは嫌いじゃなかった。というわけで、あの通う前の不安はいつのまにか消えていた。

研修生としての稽古が終わると、午後は大学に戻って自分の稽古をしながら、生徒たちの指導。職員としての勤務時間が終わった後は、また自分の稽古をした。ＯＢの立場で後輩を指導することもあったが、この頃はまだ自分が強くなることを最優先に考えていたし、それが許されていた。

研修生の稽古は厳しいと聞いていたことを書いたが、入ってみれば十分耐えられる厳しさだった。入る前にいろんな情報を耳にしたことで勝手に自分の中で厳しさのレベルを上げて妄想していた。百聞は一見に如かずというわけだ。

ただ、稽古は問題なかったが、人間関係は少し悩んだ。この年の研修生は私を含め三人だった。一人は京産大出身、もう一人は拓大出身。三人は同じく指導員というタイトルを目指すのだが、私は兼任研修生、二人は専任研修生という違いがあった。私は大学職員でありながら指導員を目指す、二人は指導員というタイトルを得た後は日本空手協会の職員となることを目指していた。

一、二時間稽古を済ませた私が、大学に帰るのに対して二人は道場に残って会員の指導をする。さらに、協会や道場の色々な業務をこなす。最初から決まっていたこととはいえ、私の存在が異質と思われていた（勝手に私がそう思っていたのかもしれないが……）。

同じように指導員を目指していても、現在のポジションも指導員になった後の方向性も違うので話がなかなか合わない。実際、私のようなカタチはかなりレアケースだったようだ。

研修生時代の目標は言うまでもなく指導員なのだが、日本空手協会が主催する全国大会でのタイトルを取りたい気持ちも次第に大きくなっていたように思う。タイトル獲得というわかりやすい結果を出せば研修生の間でも認められるんじゃないかという思いがあった。

しかし、それだけでなく、この先指導員として人に空手を教えるなら、実績があった方がより話を聞いてもらえるし、説得力もあるだろうという気持ちがあった。前述した私が高校一年、まだバレー部にいた頃、中学の後輩たちが、私ではなくバレーの強豪校に進んだ人たちの話を聞きたがったように。

全国大会に出場することを口にしてからは、二人の専任研修生とも空手の技術や大会に関することを話すようになり、やっと打ち解けて話ができ、仲良くなることができた。

後頭部に一撃、そして生まれ変わった

ちょうどその頃、一つ大きな転機となる出来事があった。強い先輩との稽古試合中、私の得意の中段突きが決まったと思った瞬間、私は後頭部に衝撃を受け、その後の記憶がなくなった。

後で聞かされたのだが、その強い先輩の蹴りが後頭部に入り、私はそのま

まバーンと倒れてしまい、稽古は即中断。私はイビキをかいたまましばらく目を開けなかったというのだ。道場中にこれはまずいという空気が流れたらしい。

その時の私は、こんな夢を見ていた。実は、大学一年の夏合宿中に父が亡くなっていたのだが、その父親が本当に夢枕に出てきて「こっちに来ちゃいけないぞ、来るな来るな」と大きく手を振る。私の意識はそれでも父親の方に行こう、行こうとしたのだが、不意にみんなの「横道！」という声が聞こえてきて……パッと目が覚めた。

その時頭はまだぼんやりしてるんだが、夢枕に立った父親に命を救われたこともすぐに理解でき、それと同時に自分の中で新しい自分が生まれたように感じた。

それまでの私は、自分でこうあるべきと決め、その決め事に従って生きてきたが、〈もう少し自分の本音を出し、好きなように行動していいんじゃないか〉という気持ちが自分の中に生まれた。

その後の私を周りの人がどう感じたかはわからないが、自分の中では物事の考えが柔軟になるというか思考の幅が広がった。もちろん基本はそれまでのマジメな私だ。でも、そのマジメさについて、これまで必要以上に自分にプレッチャーをかけてたんじゃないか（それはそれで良い面もあるんだけど）、そこまで自分を追い込む必要があったのかと一歩立ち止まって考えられるようになれた。

横道青年の快進撃

生まれ変わった効果は想像以上に早く出た。東京都代表として出場した昭和57年（1982年）の島根国体（第37回国民体育大会）の空手道競技・成年男子組手（重量級）で優勝した。国体は初出場だったが自分でも驚くほどプレッシャーを感じずに伸び伸び戦えた。このような感覚で試合を進められ、しかも優勝できたので本当に嬉しかった。

ただ、当時の空手雑誌を読むと『大方の予想を裏切る大健闘で23歳の横道が初優勝』なんて書かれている。自分としては、大学後半くらいからタイトルに手が届く実力はあると思っていたのに……。

だが、この優勝がきっかけとなって空手界での自分の知名度が大きくアップしたのは事実だった。大学や研修会の道場でも周囲の見る目は変わった。国体優勝後の最も大きな変化は全空連のナショナルチームの選考会に呼ばれたことだ。空手には色々な流派があるが、全空連にはすべての流派から選手が集められ、しかもそこには憧れの先輩ばかりが集まっていた。ここで代表に選ばれるとワールドカップ（世界選手権）をはじめとする国際大会に出場したり、各国で開催される招待試合に招かれる。

無事にナショナルチームのメンバーに選ばれた私は、早速１９８２年のカナダ国際招待空手道選手権大会に招待され優勝した。

さらにその翌年の1983年にエジプトのカイロで開催された日本空手協会の世界大会である第四回ＩＡＫＦ世界空手道選手権大会でも団体戦のメンバーに選ばれ優勝することができた。

青年横道の快進撃はまだ続く。昭和58年（1983年）の群馬国体（第38回国民体育大会）の空手道競技会成年男子組手（重量級）で、東京都代表として優勝。島根国体に続いての連覇だが、以前感じたようなプレッシャーもなかった。

ちなみに連覇した時の空手雑誌の見出しは『横道、向かうところ敵なく2連勝』だった。なぜか連覇とは言わない。記事によると決勝以外は相手を零封していたそうだ。国体はこの大会を含めて計四回優勝しているのを見てもわかるように相性抜群の大会だったが、それには理由があったと思う。

まず選考方法。国体は希望すれば誰でも出られるワケではなく、東京都の強化選手に選ばれる必要がある。その後、階級ごとの強化選手の中で勝ち上がって一番になれば晴れて東京都の代表選手となる。

第４回 IAKF 世界空手道選手権大会では団体戦のメンバーとして優勝

当時の私の感覚では、国体という本戦よりも東京都の強化選手同士のしのぎ合いが厳しかった。つまり、予選である東京都代表に選ばれた時点で、すでに私は十分胸を張れる結果を出したという自負があった。そして本戦である国体はそのご褒美なのである。ご褒美にはプレッシャーはかからない。生まれ変わる前の自分ならこのようには考えなかったと思う。あの時、夢枕に立って、こちらの世界に押し戻してくれた父のお陰だ。

素晴らしい環境、素晴らしい仲間

とにかく、国体は参加した多くの大会の中で、最も気負わずに戦えた大会だった。他の階級の東京都代表を応援するのも楽しかったし、現役時代は言わなかったが知らない土地に行ける喜びもあったり、少し違った感覚で臨めるトーナメントだった。

相性がよかった理由としてもうひとつ考えられるのがスケジュールだった。空手のトーナメントの多くは一日制で参加選手の多い大会だと優勝するまでに七、八試合勝たないといけないのに対し、国体の場合三日制で四、五試合勝てば優勝となる。団体戦にも出場したが、三人制なので、短時間で決着がつくので、こちらも負担が少なかった。

個人戦で優勝した島根国体も群馬国体も五試合目が決勝だった。何試合やってもバテないスタミナには自信があったが、私は重量級の選手の選手としてはサイズが小さく76キロのリミットギリギリだったので一日休むことでの体力回復効果は他の選手より大きかったのだと思う。

ナショナルチームの選手としての試合も増えていった。１９８３年はユーゴスラビア国際親善空手道選手権大会で優勝した。この時大使館の大使が観戦する中での優勝は誇らしかった。

記念にクリスタル製の大きな優勝トロフィーをいただいた。聞けばユーゴスラビアはクリスタル工芸が盛んなのだということだった。空手以外の知見

ユーゴスラビア国際親善空手道選手権大会ではクリスタルの優勝トロフィーを手にした

が広がるのは海外遠征の大きな魅力だった。

その後、二年間の研修期間を終えて無事に日本空手協会の指導員の資格を得たのだが、指導者としての自覚はほとんどなく、大学の道場に行っても自分の調整（稽古）が中心だった。選手として強くなることばかり考えていたし、様々な経験を積んで確実に強くなっている実感もあり、選手としてどこまで行けるのか自分でも楽しみだったのである。

昭和59年（1984年）に奈良県で開催された国体には参加しなかった。三連覇を目指したい気持ちはあったが、東京代表の選考会を辞退した。その理由は1986年にオーストラリア・シドニー開催予定の第八回世界空手道選手権大会の団体戦の出場メンバーに選ばれており、その大会に集中したかったからだ。

団体戦は五人で行われるが、この時に選ばれていたメンバーは、当時としては最強のメンバーだった。今思い出してもゾクゾクするくらいの素晴らしいメンバーだった。練習でも試合でも一緒にやれば間違いなく自分のレベル

1986年にシドニーで開催された世界選手権大会男子団体組手のメンバー（左より、内田順久、筆者、鈴木雄一、西村誠司、林晃）

アップにもつながると確信したし、何よりこのメンバーなら世界選手権でも優勝できると感じていた。

国体に参加しないと決めたことでできた時間は、世界選手権大会のための練習に当てた。空手は主催する団体によってルールが違ってくるので、そうなると戦い方も変わってくるのである。この世界選手権大会は、結局四位に終わるのだが、メンバー全員が勝利に向かって一丸になれた本当に素晴らしいチームだった。確かＤＶＤになってるので興味のある人はぜひ手に入れて確認して欲しい。大会にかける熱い気持ちや緊張感が映像から伝わってくるはずだ。

空手道をオリンピックに押し上げたかった

昭和60年（１９８５年）の鳥取国体は残念ながら東京都は実力がありなが

らも、なぜか乗り切れず振るわなかった。

私はといえば、この年は大きな大会が多かったので、そちらにも力を入れたい気持ちもあった。ナショナルチームのメンバーに選ばれ続けるためには、様々な大会で結果を残さないといけないと思っていたのである。

ナショナルチームのメンバーにこだわっていたのには理由があった。空手がオリンピックの正式種目になった時にはその代表選手はナショナルチームのメンバーから選ばれるというような噂があった。噂というか私たちはそう理解していた。だから、空手がいつオリンピック正式種目入りをしてもいいように、いつでもナショナルチームのメンバーに食い込んでいたかったのだ。

空手を知らない人でもオリンピックを知らない人はない。オリンピックに出場するだけでもすごいことだと知ってるので、私も（正式種目になったら）出たかった。家族だけでなく島の人たちも喜ぶのは明らかだ。皆んなを喜ばせたかった。

今度こそ、今度こそと言われ続け、ついに空手が正式種目として採用されたのは2020年の東京五輪（コロナ禍のため延期となり2021年開催）だが、約40年前の私の現役時代から世界空手連盟（WKF）も全空連も正式種目となることを目指していたし、全空連もそうなった時を想定し、海外の招待試合に選手を参加させたり、空手があまり普及してない国に指導のため選手を派遣するのもその一環だったはずだ。そう信じて、私も色々な国に空手を教えに行った。

記憶に刻まれた二つの敗北

この年（昭和60年）は、第13回の全日本空手道選手権大会で準優勝、そして第一回の松濤杯世界空手道選手権大会でも準優勝している。

準優勝ということはどちらも決勝で負けているわけで、二つの敗北はどちらも記憶に残るものだった。前述したように研修生一年目に生まれ変わって以降プレッシャーで押しつぶされることはなくなっていた。

ところがこの二つの試合だけは、平常心を保てず、心が乱れて普段の自分の力を発揮できなかった結果によるものだった。自分のハートの弱さをまた改めて自覚した。

人の心は意外なことが原因で平常心を失うことを後輩たちに知ってもらうため、平常心を保てなかった理由を記しておく。

第13回の全日本空手道選手権大会の決勝はＮＨＫでテレビ中継があった。テレビに出る、しかもＮＨＫで出るといったら当時の感覚だとすごいことだった。良いところを見せれば母も喜ぶだろうと気合を入れてると、国士舘大学の泉監督が控室に飛び込んできた。

「おまえ、空手着に大学名が無いじゃないか！」。

大学職員としての私の立場を先に『実業団の選手ようなイメージ』と書いたように大学には十分な稽古をするために仕事の量も配慮してもらっている。実業団の選手が広告塔となって自社の名前をアピールするのと同じである。

る。当然、試合で活躍して大学の名前をアピールしなければいけないということを泉監督は言っていたのだ。私は東京都でエントリーしていたが、当時は都道府県の区別を道着につける必要がなかったのである。

今なら、こうしたことはわかる。しかし、当時は若かった、そんなことを考える前にどうしたら勝てるが先行していて、そんな余裕がない。そして、何も書かれていない真っ白な空手着で決勝まで勝ち上がってしまった。

控室で、あわてて自分でマジックペンを使って「国士舘」と書いた。

この時の気持ちはどうだったかというと、〈俺、大事な試合の前に何やってんだろう〉と誰にぶつけることもできない悔しさ、もちろん学校名の入った空手着を用意しなかった自分への腹立ちもあった。とにかく気持ちがビシッと入らないまま決勝に臨んだ。なお、この試合はNHKということもあって島の人もたくさん見ていた。母親も大阪の妹（私の叔母）から「正明がテレビで試合するみたいよ」との電話で知ったそうだ。〈勝ったところを見せたかった〉と今でも悔やまれる。

もう一つ、第一回の松濤杯世界空手道選手権大会でも心の弱さを見せてしまった。

空手雑誌で、ファイターと紹介されることが多かったように、私は他の人に比べて気持ちが前に出るタイプなのだが、この大会は第一回ということでさらに気合が入っていた。歴史のスタート地点に自分の名前を残せる機会というチャンスは滅多にないことだし、名を残せれば素直にうれしい。

その日は調子が良くて決勝戦まで順調に勝ち上がった。

そして、決勝戦で当たったのが川和田実選手、七つ年上で指導員稽古をしている先輩だった。コートにあがり、やるぞと精神を集中し対峙した。互いに礼をし、構えようとした瞬間、川和田選手がスッと右手を差し出して握手を求めてきた。あまりにも唐突なことで、私も思わず条件反射で手を出してしまった。

日本空手協会の試合で対戦前に握手をするということの違和感に対し惑《とまど》いが出た。

どうだろう大相撲の取り組みで立ち会い直前の仕切りで握手をしている力士を見たらそれはかなり違和感を覚えると思う。そんな違和感だ。

ただし、本当に勝負に集中し切っていれば仮に違和感を覚えてもすぐに勝負にスイッチを切り替えられたはずだ。だがそれができなかった。決勝まで来たという心の浮つきにヒョイと取り憑《つ》いた惑いであった。

心を掻き乱されたままの精神状態で試合をしても良い結果は望めない。試合後、自分のメンタルはまだまだなと痛感した一戦だった。

目標を日本空手協会第30回全国大会に絞り込む！

昭和61年（1986年）、東京都の国体代表の選考会に三年ぶりに参加し、これを勝ち抜いて山梨国体（第41回国民体育大会）の組手・重量級に出場し、優勝することができた。

どの大会も同じように活躍するのがベストだが、長年競技生活を続けていると結果的に相性の良い大会、悪い大会が出てくる。私にとっては、国体がとにかく相性の良い大会だった。

この年は12月に行われる全空連主催の全日本空手道選手権大会（第14回）にも参加し、前年と同じく準優勝だった。準優勝という結果は、決勝まで進めて、その結果なのだから素晴らしい結果であることは間違いない。しかし、人の常としては決勝までいったらやはり優勝したいわけなので、相性が良い大会とは言いづらい。

この大会を含めてこの間、二年で三回の準優勝をしたため、空手雑誌ではシルバーコレクターのニックネームをつけられて、決して嬉しくはなかった。勝負の世界では優勝と準優勝の間に雲泥の差があるのだ。

ちなみに私が一番獲得したかったタイトルは日本空手協会主催の大会である全国空手道選手権大会だった。国体に参加しなかった年もこの大会には出場していたわけで、やる気は十分だし、タイトルを狙うだけの実力もあると思うのだが結果は出なかった。毎年出場しているのだが、それまで優勝を意識する位置まで勝ち上がったことが一度もなかった。

昭和62年（1987年）日本空手協会の第30回全国空手道選手権大会にターゲットを完全に絞り込んだ。大学での稽古もずっとこの大会のルールをイメージして行なった。そして私が一番変えたのは気持ちの作り方だった。

これまで私は大会に普段となるべく変わらぬ気持ちで臨むことを心がけていた。大会当日も朝は空手道部の寮（その頃は寮の寮監をやっていた）で、普段通り起きて会場にも電車で向かって、その大会を大きな大会だと意識しないように行動していた。

しかし、これで結果が出ていない以上、このやり方ではダメだと方向転換。この年は一番勝ちたい大会であることを意識して、あえてそれまでとは違う行動をとることにした。

どう変えたかというと、前日は会場（日本武道館）近くにホテルをとった。寮や大学にいるとどうしても多くの人と話しをしてしまうのでそれをなくすことにした。とにかく翌日の試合以外のことは頭に入れたくなかった。

夕方に近くの靖国神社に足を運んで「明日は優勝させてください」とお願いをした。そうしたらそれまで曇っていた空がパーッと晴れ、きれいな夕日が広がった。

〈よし、明日はイケる！〉と感じた。

当日の行動も前年までとはまったく変えた。これまでは会場に着いてもあまりプレッシャーを感じないよう気持ちを落ち着けることを意識したり、体がスムーズに動くようストレッチなどの準備運動をしていたが、この年は試合のことがまったく考えられないレベルの猛練習を自らに課した。終わった時は汗びっしょりで、息も上がっていた。体はめちゃくちゃ疲れるけど、頭を無理やり空っぽにする効果があった。このやり方が功を奏したのか、危なげなく決勝進出。

決勝では激闘の末、椎名勝利選手を破って念願の初優勝を達成した。

得意の中段突きで優勝が決まった瞬間、思わず天に向かって拳を突き上げてしまった。

嬉しかった。心底嬉しかった。涙が出た。

これまで様々な大会で優勝したけれど、この大会を最大の目標にしていただけあって一番嬉しかった。

試合終了後、同門の仲間たちに胴上げされた感触が今でも忘れられない。

この昭和62年は、沖縄国体（第42回国民体育大会）にも出場した。そして、相性の良さを発揮して通算四度目の優勝を達成することができた。

この年の最大の目標は全国空手道選手権の優勝であり自分では念願のタイトル獲得に向けて目一杯張り詰めて日々を過ごしていた。ただ、ここだけの話、国体参加を決めた理由は一度も訪れたことがなかった沖縄を見てみたい気持ちがあった。実際はまだ少し心に余裕があったというわけだ。とはいえ、その余裕が大願成就につながった気もする。緩急のバランスが取れていたとも言えるか……。

空手人生を振り返ってみると二つの国内タイトルを獲得したこの年が選手

としてはピークだった。
心・技・体がそれぞれハイレベルで調和していた。

新たな道への曲がり角

昭和63年（1988年）の目標は、もちろん第31回全国空手道選手権大会で連覇すること。前年の優勝がそれまでとは違った調整の結果だとすれば、普通は同じ調整方法で臨むことを考えるのだが、それをしなかった。同じことをやっても、良くて現状維持、レベルアップは無いだろうと考えた。

自分の考える試合に臨む際の理想の心持ちは無心であり自然体である。だが、優勝できた第30回の全国大会の心持ちは無理やり作った無心だった。

それは、国体で優勝している時の無心とは少し違っていた。靖国神社にお参りしたり、前日にホテルに泊まったり、といった特別な行動なしで優勝で

日本空手協会主催の「第30回全国空手道選手権大会」で優勝できたことは、最大の目標であったため、心底嬉しかった

きれば、私の空手はさらに進化するのではないかと考えたのである。

普段通りにしようと考えた時点で、すでにもう普段通りではなかった。その時点で心が余計な何かに縛られたような気がする。負けたからそう感じたのかもしれないが、体のキレも前年とは違っていた……。結局、優勝を意識できるところまでも勝ち進むことなく敗退した。心のコントロールは本当に難しい。

30歳になった平成元年（１９８９年）は、私にとってもう一つの転機になった年だ。

この年もいくつかの大会に出場したが、どれも胸を張れるような結果を残せなかった。それなりの結果を残せたのは日本空手協会の第32回全国空手道選手権大会のベスト8だった。とにかく二年続けて優賞争いに絡めなかったのである。昭和57年（１９８２年）の国体優勝以来、五年以上にわたり第一線で戦ってきたわけなので、これはかなり辛かった。

スピードでは一番速かった頃に比べると確かに少し落ちていた。しかし、空手の技術はそこまで落ちてはいない、むしろ相手が見えていたという点では、その気になれば勝てていてもおかしくなかったと思う試合があった。

不振の最大の原因は気持ちだった。それまでは負けた瞬間から「今度やれば絶対勝つ！」とリベンジのスイッチが入っていたのだが、負けてもそこまで悔しがれなくなっている自分がそこにいた。

若い選手の戦い方が、私たち世代の戦い方と比べると少し変わってきたなと冷静に分析したりしてる自分もいた。もちろん勝つために稽古はするのだけれど、勝利にかける熱量が以前ほどには湧いてこないということは自分でも感じていた。

先輩たちを見ていても大体27～28歳がキャリアのピークの人が多かったし（ただし形の選手はもう少し年齢が上）、正確な年次は思い出せないが、ちょうどこのくらいの年齢でナショナルチームのメンバーからもハズされたと思う。

「女子部の監督をやってみないか」と空手道部の泉監督から打診されたの

はちょうどそんな時期だった。

日本空手協会の研修生の本部道場に通うことを逡巡《しゅんじゅん》していた時に見守ってくれたように、この時も泉監督は私の気持ちの変化を察知していたのだと思う。

指導員の資格を取らせてもらったのも将来的に指導者になることを見越してであった。このように社会人の空手家として、恵まれ過ぎた環境を与えてくれている大学に、そろそろ恩返しをする時期が来たのだと考え、引き受けさせていただいた。とはいうものの、いくつかの大会にはまだ出場するつもりだったので選手としての引退宣言はしなかった。

選手として強くなることだけを考えていた現役バリバリの頃は、大学の道場にコーチとして行っても意識は選手が九割で、大会が近づくとほぼ十割になっていた。それが、女子部の監督就任後は、今度は一割だったコーチの意識を時間の経過とともに二、三、四割と徐々に増やしていった。実際、女子部の監督就任後もしばらく幾つかの大会に出ていた。このような我が儘を許していただいた大学には本当に感謝しかない。

様々な大会に臨む選手にアドバイス

大会出場について少し触れておくと、世界選手権の団体戦のメンバーのように絶対に出場しないといけない大会以外は、ナショナルチームに所属している時も、どの大会に参加するのかは自分の意志で決めることができた。

私はとにかく試合をやりたいタイプだったので、スケジュールが許す限りどんな大会にも参加する方針だった。ただし、主催団体の違い等で大会のルール（ポイントの取り方や試合時間）が少しずつ違ってくる。そして、大会に合わせて戦い方や意識を切り替えるのは皆さんが想像するより大変である。

試合時間が1分30秒と3分では自分も相手も戦い方は変わってくる。短期間にそれぞれルールの異なる大会が三つくらい続くと〈あれ、次の大会のルールはどうだっけ?〉と練習中に戸惑うこともあった。

当時のナショナルチームのメンバーを見ると、私くらい流派に関係なく様々な大会に出場していた選手はいなかった。もう少しその大会のルールが自分のスタイルに合ってるいるかを考えて参加していれば、私の成績も変わっていたかもしれない。指導者となった現在は、このあたりも選手にアドバイスしている。

母校の優勝に貢献したことが自信に

さて、私の指導者としての最初の実績についてだが、それはまだ現役選手としてバリバリだった昭和62年（１９８７年）のことだった。母校の岡山県山陽高校空手道部が北海道で開催された全国高等学校総合体育大会（インターハイ）の空手道競技大会で決勝進出を果たした。

この大会、私は後輩の応援に行くことは予定していた。このことを滝本先生に伝えると「ちょうどよかった。私は審判として参加することになるから、監督はお前ににやってもらいたい」と言われた。

驚いたが、恩師の頼みを断るという選択肢は無い。そして、引き受けた以上は後輩たちをどうにしかして優勝に導きたかった。岡山山陽は次々と勝ち上がり、準決勝も勝った。いよいよ決勝となった。だが、相手は過去十年で五回優勝していた当時の絶対王者・目黒高校（現目黒学院高校）だった。選手たちの顔を見ても気合が入ってないというか「目黒」という名前を目にして完全に萎縮していた。

ここで選手としての経験が生きた。試合前の猛練習によりプレッシャーから解放された第30回全国空手道選手権大会を思い出し、選手全員を更衣室に集めて誰も入れないように出入り口をシャットアウトした後、何のためにこうするかは一切説明せず、練習をさせ、汗がダラダラ流れ出しても続けさせた。

生徒は目黒高校と試合するプレッシャーよりも、とにかくここから出たいという気分にさせたかった。そして全員が汗をダラダラかいたまま始まった決勝戦は、どの選手も緊張感無く戦い、苦しくはあったが母校が勝った。岡山山陽のインターハイ初優勝に貢献できた。この作戦を後で聞いた滝本先生から褒められたのも嬉しかった。

この大会での経験は、指導者として本格的に始動する時にちょっとした自信につながった。このテクニックを使うという意味ではなく、大会での心構えやプレッシャーへの対処の仕方など、経験者だからこそ伝えられることを多く持っている強みである。これは選手として様々な大会に多く出て、悩み、苦しみ、色々経験し、喜びも知っている自分だけの強みといえる。

岡山県山陽高校は、女子がこの一年前の昭和61年（１９８６年）の群馬県で開催されたインターハイで優勝しており、さらに、この男子の優勝で全国レベルの強豪校と認識されるようになった。１９９５年（平成七年）のインターハイは男女でアベック優勝という快挙だった。男子、女子共に今でも全国レベルの強豪校であり続けている。後輩たちの活躍は先輩として本当に鼻が高い。

得意技「中段突き」解説

このまま指導者としての話展開するのが順当だが、その前に私の得意技である相手の懐に跳び込んでの中段突きについて説明しておきたい。

中段突きのポイントはいくつかある。まず気持ちだ。私の体重76キロは重量級のリミットギリギリなので相手は自分より大きく懐が深い。そのため私の突きを届かせるためには、常にギリギリの間合いで恐怖と戦う。恐怖に耐えるハートの強さが必要だ。

次に呼吸だが、吐くことだけを意識し、吸うのは成り行きに任せる。

チャンスと見たら瞬間に後ろ足のバネを使って跳び込むが、意識は前脚の膝だ、ここをを相手の股に入れるつもりで跳び込む。前足が、相手の水月の真下あたりくらいまで踏み込んでいないといけない。この距離まで踏み込まれると大きな相手は逆に捌《さば》きづらくなる。

突きというと拳に意識がいくだろうが、私の場合は脚を意識していた。重量級の中ではトップクラスの瞬発力は、私が空手を始めた最初から大切にしていた。どんな時でも前に出る姿勢との相性が良かったと思う。懐に跳び込むスピードと勇気があってこその中段突きだった。

その時、〈交されるかも〉とか〈相手からカウンターをもらうかもしれない〉とか悪いイメージを思い浮かべるのは禁物。少しでも跳び込むことを躊躇《ちゅうちょ》してしまうと、中段突きが美しく決まって見える理想のポジションに脚を運べないのだ。ポジションが悪いと、入ったと思った突きも審判からはキレイに決まったように見えず、審判に取ってもらえないことがある。思い切りのいいタイプの方がこの技には向いている。

もう一つ、予備動作をなるべく小さくすることもポイントだ。大きなモーションで行ない、〈来た！〉と相手に気づかれたらまず決まらない。

引き手の動きで意識するのは、腰のひねりと連動しているかどうかということ。引き手を上手に使って腰のひねりを効かせられると中段突きを出した後も次の攻撃にスムーズに移行できる。もちろん突き手はすぐに引くのが鉄則。

だが、これはあくまで前に出ることを一番に考えて空手をやってきた自分の中で生まれた中段突きだ。大枠に関しては多くの人にあてはまると思うが、細部に関しては自分の空手に合わせて微調整しなければならない。跳び込む時の足の運びはかなり個人差があるからである。

最後に、どんな技も身につけるためには反復練習あるのみ。私も現役時代はミット打ち、上・中段のワンツー、巻藁《まきわら》相手の正拳突きと突きの練習は欠かさなかった。

相手の懐に跳び込んでの中段突きを軸にした戦い方は高校一年の新人戦か

らずっと変わらなかった。空手雑誌でよくファイターと紹介されていたように、どんな大会でも気持ちを全面に押し出して、相手に向かっていった。高校の時につかんだ〈チャンスは前にしかない。出られないのは気持ちが弱く、既に負けている〉との考えは、ずっと変わらなかった。

もちろん怖さはある！　だが、その気持ちを振り切るのが私にとっては一番大事だった。勝っても、負けても前に出た。前に出ると見せかけて後ろに下がって、カウンターを合わせて、ポイントを取るやり方もあるが、私は一センチでも一ミリでも良いので前に出たかった。その積み重ねで心が鍛えられると思っていた。ポイント云々よりも下がらないこと、前に出ることが大事だとの考えは常に頭にあった。空手に対する考え方は人によって違うが、私は少数派だったと思う。中学時代から感じていた自分の弱い気持ちを克服したかった。なので、相手が違っても戦い方は絶対に変えなかったのである。

海外での試合となると、重量級選手は二メートルを超える選手もいるが、私は常に日本での大会と変わらず懐に跳び込んでいた。恐怖心は……無いというか、恐怖心がでたら絶対に勝てない。だから、恐怖心が出ないようにするために練習してるのだ。

どんな大きな相手でも絶対に下がっちゃダメだと思って戦っていた。他の選手の試合を見ていても下がりながら出した突きは、私が〈入った〉と思っても、審判の目には〈弱い、届いてない〉というように見えてるいことも多い。

得意技を活かすために

もう一つ、「得意技を活かす」ということで解説を。

大学一年生の時に小柄で軽快な動きのの同級生と練習試合をしたことがあった。相手は体が小さいので、そう簡単に間合いは詰められないだろう、と余裕で構えていたら試合が始まると同時にその彼が私の懐に跳び込んで突きを決めた。二本目はかなり警戒はしてたが、やはり懐に入り込まれて突きを決められてしまった。

〈自分が得意とする戦法に負けるなんて……〉悔しさも倍増だった。

すぐにリベンジをしたかったが、どう戦っていいかがわからない。こんな時に頼れるのがやはり恩師滝本先生。

滝本先生に電話して教えを請うた。「相手の懐に跳び込むのは、横道の得意な戦法だな。高校時代、横道に対して相手がどんな対策をしていたかを思い出してみるといいんじゃないか」と返ってきた。

答えは足技だった。潜り込むことを封じるために蹴りを出してくる選手が嫌だった。

私は、蹴りをみっちり練習した後、再戦を申し込み、蹴りを効果的に使って相手を懐にいれず、快勝した。この時、自分の得意とする幹になる技と、その幹を活かすための技を練習すれば、得意技が何倍にも効果を発揮することを会得した。

大学、社会人とキャリアを積むにつれ、私の長所を封じる作戦をとってくる相手が増えてきたが、ほとんど気にしなかった。相手の作戦がうまくハマって負けることもあるが、それを悔しいとは思っても、けして負けは引きずらない。さらに練習をして、相手の作戦を上回る踏み込みと中段突きを身につけるだけだと考えていた。

そもそもこちらを意識した作戦を立てた相手は、その時点で100％の自分の空手ができていない。私は、相手の対策がある程度想像がつくので逆に戦いやすくなる、その程度に考えていた。自分の技を相手が意識するようになったらそれが自分の得意技といえる。

もちろん〈イケる！〉と思った時は迷わず懐に跳び込んでいたし、中段突きを強く意識しているなと感じた相手には、それを逆手にとって上段突きを狙ったりもした。場合によっては蹴りを出すこともある。そうやって臨機応変な戦いができるのも中段突きという攻撃の幹があるからなのだ。しっかりした幹があれば色々な枝葉が生えてくる。幹にどういう枝葉をつけるかが、いわゆる空手のセンスなんだと言いたい。

最近の選手は色々な技を使いたがる傾向が強いが、まずは自分の幹をしっかり造ることが大事なんだということを肝に銘じて欲しい。

第五章　指導者時代

指導者となった私から

ここからは指導者編となるが、まずは自分の考えた指導者の心得を紹介しておきたい。

『空』 空のごとく澄み切った心で、
『手』 手取り足とり教え、
『道』 正しい道を教えるべし。
その気持ちをもって教えるべし。

自分でもこれはなかなかいいなと思ってる。これを思いついた時からは、毎日復唱して自分に言い聞かせていた。これを口すると気持ちがスッと落ち着く。

文章の意味を説明すると『空』**の澄み切った心で、**というのは感情的な指導は絶対にダメということ。

現役時代にファイターと呼ばれたように、私は感情が表に出るタイプだった。しかし、指導者にはそれは必要がない。〈どうしてできないんだ！〉と思っても、〈昔の自分はどうだった？〉と冷静になってから相手に問いかけてみる。

感情では絶対に怒らない。真剣に教えてるからこそ感情が出てしまう……それは理解できるが、その感覚は道場に入る前に別の場所に置いてこなければいけない。また、普段の生活で溜まったストレス等のイライラの種を絶対に道場に持ち込まない。それが指導の第一歩。

『手』は初心者こそ、丁寧な指導を心掛けましょう、という意味で、最後の『道』は空手道を教える時は邪《よこし》まな気持ちがあってはいけない。純粋な気持ちでやらなければならないということなのだ。

女子空手道部の監督に任命されたのは、平成元年（1989年）、その一年か二年前に空手道部の寮監になっていた。当時の私は現役バリバリで強くなることだけを考えていた。それでも少しだけ指導者の意識もあった。

「毎朝、学校に行く前に走るつもりだけど、おまえたちもどうだ」と男子の控え部員を中心に声をかけて、希望者と一緒に練習をするようになっていた。そうしたら「私も朝練やりたいです」と一人だけ女子の空手道部員が手をあげた。大丈夫かなと思ったけれどその子は運動神経も良い上に頑張り屋で、一度も朝練を休まない子だった。卒業時に柴田徳次郎賞を贈られるくらいの優秀な生徒だったので今でも記憶に残っている。当時の名前は、長井秋子（現在は結婚し大津姓）、現在群馬県の県立学校で体育の先生をしている。

彼女は国士舘空手道部初で唯一の女子部員として入学してきた。私が女子部の監督を引き受ける前から、色々とコーチしていたが、私の厳しい言葉にも平気な顔でついてきてくれた。彼女がいてくれたから女子部の監督という、色々な面で難しい役目も順調にスタートできたと感謝している。

学生は授業が最優先

女子空手道部の監督を引き受けた時は、長井を中心にチームを組んで団体戦に出そうという気持ちがあった。それまで長井は個人では大会に出ていたが、女子部員が少ないこともあって団体戦はエントリーしてなかった。空手は個人競技だが団体戦でしか味わえないおもしろさや達成感がある。せっかく大学の空手道部で頑張ってるんだから、それを体験してほしいと思った。そして、彼女が上級生となった時に選手を三人集めて女子空手道部として初めてのチームを組んで団体戦に参加した。これが女子空手道部監督としてのスタートだった。

最初は小人数で始まった朝練は女子の監督になってからも変わらず続けていた。対外的な肩書は女子部の監督でも、私の中では国士舘大学空手道部全体のコーチという意識が強かったので男子の控え部員と女子部員を一緒に指導していた。ただし、控え部員たちのレベルはそこまで高くはなかった。記憶では男子空手道部にも、少ないながら一般生がいた。一方女子は全員一般生。女子の推薦の枠が無かったわけではないが、まだ積極的に採用に力を入れてはいなかった

朝練参加者に必ず言っていたのは「学生は授業が最優先。大学にはちゃんと行きなさい」だった。恩師山本先生の教えを学生にも伝えた。だから、朝練に参加したので授業に出られなかったなんてことは絶対に許さなかった。仮にそういうことがあった学生は朝練の参加を禁止した。部活と授業は表裏一体。どちらかを疎かにすると、もう片方にも悪影響が出る。私の大学時代の経験からの教訓で、「授業を疎かにしない」は後に空手道部の部則になっている。

国士舘大学女子空手道部だった長井（現姓：大津）秋子さんと

選手時代の経験を活かす

朝練に参加した部員に力を入れてやらせたのは筋トレ〈ウェイトトレーニング〉だった。心・技・体という言葉があるように、三つがバランス良く整えば試合で最大限の力が発揮できるという意味だが、練習の成果は体・技・心の順番で現れる。特に『体』は結果が出るまでにかかる時間が他の二つに比べると圧倒的に短い。短期間で目に見えて大きくなった筋肉は部員たちに努力が実った喜びとさらなるやる気をもたらす。お互いに大きくなった筋肉を見せあいながら〈よしっ、もっと筋トレをやろう〉となっていた。

筋トレに打ち込んだ結果、パワーでレギュラー組を上回って四年の時にキャプテンになった部員もいた。その子は最初ベンチプレスも全然上げられなかったので、人というものはこんなにも化けるのかと今でも強く印象に残っている。

部員に努力が実る喜びを教えることは指導者の大事な仕事だ。

体ができてくると次は技ってことになるのだが、同じ技の練習をしても習熟度が人によって大きな差が出る。体は大学に入ってから鍛えてもみんなしっかり大きくなるが、私の考えでは技は九歳までの運動能力の育て方で決まるのではと考えている。

小学校高学年になる前に空手を始めているか、あるいは空手をやっていなくとも私のように子供の頃から飛んだり、撥ねたり、泳いだり、と遊びの中で体の上手な動かし方を身につけてないと、新しい技を習っても覚えるのに時間がかかる。推薦組と一般生の一番の大きな違いかもしれない。

さらに形だけでなく本当の意味で技を身につける、自分の体に染み込ませるには膨大な数の反復練習が必要。つまり、上達の喜びを感じづらい。『技』に力を入れるか『体』に力を入れるかは部員の判断に任せていた。

最後の心に関しては、これも私の個人的な考えだが、『三つ子の魂百まで』という言葉があるが、ハートの強さは赤ん坊の頃にほぼ決まってると思っている。小さい頃に連絡船から桟橋に渡された渡し板を歩く時に絶対に落ちることなど無いのに、落ちるかもしれないと不安を覚えていた私は、ハートの弱いタイプだった。

それを克服するために空手を始めて、その空手でさまざまな経験を積んで心は確実に強くなったはずだが、それでも大きく記憶に残る二つの敗戦を紹介したように、予期せぬことが起こるとなかなか平常心を保てないものだ。指導した部員の中にも実力は十分あるのに試合になると力を発揮できないタイプは結構いた。逆にいつも落ちついている、一体どんな時にプレッシャーを感じるんだろうと思える部員もいた。心の強さはもって生まれた部分、あるいは幼少期の何らかの心のキズが大きいと思われる。

ただ、試合の緊張は傍らにいるこちらも簡単に察することができるし、現役時代から自分の気持ちの弱さを十分に理解して、いくつか緊張を和らげるアイデアは持っているので指導者として対処はしやすかった。

前述したように、岡山山陽の男子ががインターハイで初優勝した時に、生徒に課した、いつ終わるかわからない練習で試合への不安を取り除いたのは過去の経験がこれ以上なく生きた例だった。

難しいのは本人が悩んでいるのに周囲がそれに気づいてない場合だ。これも前述したように研修生として日本空手協会の本部道場に行きたくないと悩んでいた時の私がまさにそれだった。

泉監督が察して寄り添ってくれた時は正直、ホッとした。心の問題は、部員たちを普段から気にかけて見守ってないと気づけない。そして〈あれ、ちょっとおかしいな〉、〈気持ちが入ってないな〉と感じたら「何か気になることがあるのか?」と声をかけてみる。

素直に「実は…」と悩みを打ち明ける子、「大丈夫です……」と答える子、反応はそれぞれだが、先生が見てくれているとわかれば気持ちも楽になると思うのである。心を鍛えるだけでなく、寄り添ったり、見守ったりするのも指導者の仕事だということを私は身をもって知っていた。

男子部員に協力してもらい

現役時代は『無心』を試合に臨む時の理想の心持ちと考えていたが、心を整えるのは本当に難しい。プレッシャーを軽減する処方箋の引き出しはいくつか見つけることはできたが、確実に『無心』になれる方法は最後まで見つからなかった。理想とする心のありようも人によって少しずつ異なるだろうし、今も多くの指導者と選手が悩んでいるのではないかと思う。

さて、筋トレに関してだが、男性より筋肉のつきづらい女子部員にはそこまで強度の筋トレはやらせなかった。男子のように体を大きくしなくても、相手の試合で力負けしないレベルの筋肉がつけばいいくらいに思っていた。

空手の経験自体が少ない部員が多かったので空手をもっと好きになってもらう狙いもあり、色々な技を積極的に教えていた。稽古を楽しんでもらうためには目新しさも大事なのである。

部員数の少ない女子は、必然的に同じ相手とばかり戦うことになるのだけれど、それでは新鮮味がないし、自分がどのくらい進歩したかもわかりづらい。そのため男子部員との練習試合を時折行っていた。強い相手との試合は女子部員にとって刺激になるだけでなく、自分に足りないものが見えて、確実にレベルアップにつながる。だが、男子部員は最初は真剣にやっていても頻繁に試合をさせると、女子とやっても意味がないとばかりに手を抜き始める。これでは互いに気がゆるむこともある。また、女子であっても相当に強気な子もいるので、怪我につながるケースもあるので、男女の合同練習は私が見ている時に行うこととした。

もっと視野を広げよう

空手以外の経験もこれから先の人生のプラスになると思って、空手を通して友達になった人（大正大学空手道部で同学年だった）のお母さんがやっていたお茶の教室に女子部員を連れていったこともあった。あれはいい経験だった。その経験で部員も変わったが、私も多くのことを学んだ。

まず最初に「お茶に無駄はございません」と教えられる。例えばお茶には夏釜と冬釜があって、夏は暑いので生徒さんの遠くに、冬は寒いから釜を近くに置くなど、あらゆる作法が合理的な理由に基づいて決められていることを知った。その成り立ちを聞くだけでもおもしろいし、勉強になる。

私は昔から伝わっているものは歴史の中で洗練されていくんだな。空手の技はどうなんだろうと思いを巡らせたが、彼女たちもそれぞれ色々なことを感じたり、考えたと思う。

別に私のように空手に結び付けて考えなくてもいい。このお茶菓子はキレイだけど、どうやって作るんだろうでもいい。新たな経験に刺激を受けて、何でもいいから考えて欲しかったのである。

その先生には、お茶以外にもお花や掛け軸についても季節毎に教えていただいた。世の中にはこんなにたくさん知らないことがある……、お茶の経験は新たな知識を得る喜びだけではなく、視野の広さと思考の幅を養ってくれた。

今度はどんなことを学べるのか、女子部員も非常に楽しみにしていた。空手道部の監督なので空手を指導するのは当然だが、あの手、この手で気づくこと、考えることの大切さを教えたいと思っていた。

近くのレストランのシェフにお願いし、料理教室をしてもらったこともあった。私も妻から借りたウサギが描かれた真っ赤なエプロンを付け参加すると、女子部員が「監督、可愛い」と皆んなで大はしゃぎしていたのを思い出した。

監督になった当初は何か空手の指導のヒントにならないかと、これまでやらなかった新しいことに積極的にチャレンジしていた頃の話だ。

実は平成元年（1989年）は女子空手道部の監督になっただけでなく四月から東京都空手道連盟から依頼され、東京都の強化選手のコーチを引き受けることになった。

指導するのは週に一回、木曜日の午後七時から。コーチ以外にも東京都空手道連盟のお手伝いはこの先も長く続くのだが、大学から反対されたことは一度もない。国士舘大学の懐の広さには感謝しかない。

東京都のコーチをするということは大学での指導とはまた違う。高校生、大学生、社会人の指導もするが、彼らは強化選手になるくらいだから、みんな技術はあるし、短い練習時間の中でも集中してしっかり練習をするので、苦労は無かった。

私が心掛けていたのは、彼らのそれぞれの持ち味を活かすということだった。

また、監督のサポート役に徹していたので、監督が目指しているチーム像、そのために選手にどんなことを求めているのか、常に監督の意図がどこにあるのかということを考えていた。監督の考えの中に自分では思いつかない部分を知ることができ、大いに勉強になった。

心を育てると技も伸びる

舞台を大学に戻そう。監督時代はいろんな指導を試みた。木曜日の朝練と一緒にゴミ拾いもそのひとつ。

最終的に大学の近くのセブンイレブンの店長さんから「ありがとうございます」とお礼を言われるくらいに皆んなマジメに取り組んだ。しかし、私が提案し、やり始めた頃は〈ゴミ拾いなんて空手に関係ない〉と言わんばかりにイヤイヤやってる子もいた。これは想定内だ。ゴミ拾いの意図はあえて皆に話さなかった。気づきというものは、まずやってみることからスタートしないと意味がないからだ。

ゴミ拾いが、空手に通じることはたくさんある。効率良くゴミを拾おうと考えたら目の前に落ちてるゴミだけでなく、それを拾ったら次はどのゴミを拾うか探す。近くに歩いている人がいたら、その人の歩く邪魔にならないように行動しようと考える。しっかりゴミ拾いをやろうとすれば視野が広がり、気づきが多くなるわけだ。そうなると空手との向き合い方が変わってくる。

このゴミ拾いが選手自ら率先してできるようになった頃から、部活がはじまる前のおしゃべりがなくなって、指導者がくるまえにきちんと準備するようになった。練習においてもゴミ拾いをきっかけに動きがガラッと変わる子は結構いる。一般生の指導はそういうことがあるので楽しいのである。

特待生のように強い子をさらに強くするのは、また指導が変わってくる。強い子はもともと高いモチベーションを持ってるので、やる気をどうやってアップさせるかみたいなことはあまり考えない。自分の経験を話して、それを取り入れるかどうかは本人に任せた。

私が信条としていた「前に出る空手」のメリットは伝えても、理想とする空手は人それぞれなので押し付けるようなことはしない。強い子は大抵、しっかりとしたビジョンを持っているからだ。

おもしろいのは気づきのスピードにはかなり個人差があるという点である。この順番でゴミを拾えば効率が良いと瞬間的にパッと気づいてテキパキ拾う人もいれば、目の前のゴミしか見えてない人もいる。この子はどうやったら視野の広さが大事ということを気づいてくれるのか、と考えるのもゴミ拾いの楽しさだった。私が監督の頃はしばらくやっていたが、今はどうなのだろう。とにかくゴミ拾いは部員の以外な一面が垣間見られるのでかなり楽しいものだった。

指導者として自らも学ぶ

指導を続けているうちに女子部のレベルも上がり、女子部員の数もどんどん増えた。監督として考えたのは、空手は個人競技だけど個人の持ち味をどうやってチームの中で活かすか、だった。

実力のある選手ばかりを集めれば簡単に強いチームはできそうだが、そんな甘いものではない。選手には個性がある。自分の練習が終わったらハイ、終わりみたいなタイプは団体戦に向いてないのだ。そういう選手がいると、チームにどこかでスキができるものだ。団体戦に向いてるのはどうすればチームに貢献できるかを考える選手だ。例えば誰かの負けをカバーしようと自然に思える選手だ。逆に個人主義の選手はチームの一体感を損なうことになる。しかし、空手はそもそも個人競技だから個人主義の選手が悪いわけではない。大事なのは監督、コーチがそれぞれの個性を活かせるようなチーム編成をすること。当然、指導者にも広い視野が求められるのである。

良い指導者になるために本をたくさん読んで勉強した。松下幸之助さん、稲森和夫さんなど企業のトップに立った方の本から学ばせていただくことは多かった。今でも壁につきあたり、行き詰まったなと感じた時には読み返している。

「なるほど、これはこういう意味だったのか」と新たな発見がある。

カリスマ経営者と呼ばれるような人にはそれぞれ違った魅力があるが、ひとつ共通点があることに気づいた。それは『常に感謝の気持ちを忘れない』

ということである。

「あなたは一人で大きくなったわけじゃないよね。育ててくれた人や場所があるよね」問われれば、それに対して最初は感謝していても、生きてるうちにいつのまにか感謝を忘れてしまう人は非常に多い。だが、大企業のトップに立って多くの社員を引っ張るような人はどんな時も感謝を忘れていないのだ。

良いものはみんなで共有したい。部員たちにも折に触れ「感謝は大事だよ」と伝えたり、「こんな本があるけど読んでみたらどうだ」と勧めている。私自身も感謝の大切さを説いたフレーズを目にするたびに、空手道や恩師への感謝を忘れていないか自問している。

企業のトップの中でもイエローハット会長の鍵山健三郎さんの著書からは大きな影響を受けた。先に紹介した朝練の後のゴミ拾いは鍵山さんの掃除に対する考えをそのまま取り入れたものだ。

本で言えば、それ以外によく手にとったジャンルはスポーツの指導者の本だ。南海、ヤクルト、阪神、楽天と四球団で指揮をとった野村克也監督の本は体育会系の指導者としてヒントになることがすこぶる多かった。一味違った解説で定評のある落合博満監督の技術解説なども参考になった。

デール・カーネギーの『人を動かす』は繰り返し読んだ。女性が書かれた本にも目を通している。渡辺和子さんの『置かれた場所で咲きなさい』はタイトルに引かれて買ったが、学ぶところが多かった。置かれた場所は自分で決められないけど、そこで腐るか、最善を尽くすかは自分の意志で決められる。この本を手に入れた後で、私は色々な役割を担うことになるんだが、その度ごとにこのタイトルを思い浮かべ、自戒の言葉としていた。

中国の古典である『論語』『菜根譚』などにも問題の解決を見出したことも二度や三度ではない。

また、大事にした言葉もある。「感謝の気持ちを忘れない」と同じくらい私の心に残ったのが「当たり前のことを当たり前にやる大切さ」であった。同じ教訓を、鍵山健三郎さんや野村克也さんは「凡事徹底」の言葉を用いてましたが、これも色々な人が書かれていた。大きな物事を成し遂げるには、当たり前のことを当たり前にやり抜く徹底した実践が必要なのだということ。部員たちを指導する時は、これらの言葉を常に意識していた。

形競技選手へのアドバイス

指導者に専念するようになってからは形も見るようになった。実は私も日本空手協会の研修生時代は、否応なしに形は必須ということでしっかり学んだのである。

日本空手協会の本部指導員で、形がめちゃくちゃすごいなって思う先輩がいた。その先輩の武道館での形の試合はすごかった。見ていた観客は、その一挙手一投足に目を奪われ、皆がその演武に吸い込まれるようだった。

その先輩は、形競技の演武に対して「審判に見られているからこうしよう、という意識ではダメ、自分の練り込んだここを見せる、というくらいの意識でやらなきゃいけない」と言っていた。「見られる」と「見せる」は全く別物ということだろう。無心で自分の世界に入り込む必要性を感じた。

形も私の組手と同じで無心でやった方が良い結果につながるのである。ちなみにその先輩は形だけでなく組み手も上手だった。形も組手も根っこは同じなのである。

もっと早くそのことに気づいていれば高校時代一生懸命に形をやったのだけど、私は高校一年の時に形ではどう努力しても絶対叶わないと思わせられた佐々井に出会ってしまった。佐々井がもっと下手だったらよかったのに（笑）。

形の稽古をしている部員には「頭で考えてるようではダメ。勝手に体が動くようにしなさい」とアドバイスをしている。

東京都空手道連盟の監督就任

正確な年次は覚えていないが35歳頃に強化指定選手のコーチを引き受けていた東京都空手道連盟から打診され、監督となった。

指導員の資格は持っていたが、東京都の監督になるためには、それとは別に指導者ライセンスというのが必要なのだが、私はこれを取得していた。実は25〜26歳くらいの時に東京都の連盟の方から「取っておいた方がいいよ」と言われて、人の勧めには素直に乗るタイプの私はそのライセンスを取っていたのである。その時はそれが後々役立つなどとは少しも考えていなかったが、人の助言は素直に聞いておくものだ。このライセンスのお陰で指導できるカテゴリーが広がったのである。

コーチの時は監督の仕事をサポートするという意識が強かったが、監督になってからは「こういうチームにしたい」「この選手はこういう風に育つといいよね」とコーチにはっきり方針を伝えるよう心掛けていた。その方がコーチはやりやすい。

あまり気にしない監督もいるのだが、コーチと選手にも、合う合わないがある。これはしっくり行っていないなと思ったら他のコーチと切り替えることもあった。選手だけでなく、コーチも見ないといけないのでコーチ時代よりは忙しくなった。召集された選手は当然、大会での活躍が期待されるが、そこはあまり意識させないようにしていた。中には意識させた方がいいタイプのいるのだが、それは普段から選手をよく観察してコーチと相談し見極めていた。

監督としては威厳があるというより、勝った時は一緒に盛り上がる、選手との距離が比較的近いタイプだったと思う。監督の期間は五、六年。40歳過ぎまで務めた。西暦でいうと丁度2000年くらいだった。

第 38 回全日本空手道大会では、東京都の監督として女子組手団体を優勝に導いた

子供空手道教室での指導

忙しかった横道も東京都の監督を辞めたことで、国士舘の女子部の監督に専念するんだろうと思った人もいるかもしれないが、二足のわらじを履いた生活はまだ続く。

当時、泉監督がご自分の娘さんの成長にヒントを得て、国士舘大学空手道部の主催で子供向けの国士舘空手道教室を開き、地域の子供さんの育成に役く立ててもらおうと提案をした。私はその教室の指導者として子供中心に指導することになったのである。

子供を指導することになって最初に考えたのはどうすれば空手を楽しいと思ってもらえるか。好きではなく、楽しい。子供の気持ちは変わりやすい。好きは嫌いになる可能性が大いにある。

私は、毎回、どうやって子供たちを楽しませようか考えていた。練習の中にもゲーム性をもたせたり、子供の誕生日をちゃんと覚えてちょっとしたプレゼントを渡したり、空手の技術以外のこと、例えば靴を揃えられた子は見逃さずに褒《ほ》める。

いつも子供目線でものごとを見ることを心がけた。上から目線でものを言わないことも大切なことである。

そうやって工夫をして、子供達に空手道場に行けば楽しいことがあるんだと思わせることを第一に考えていた。礼儀を教えるのはそれから。最初は十人ちょっとだった人数も少しずつ増えていった。

もちろん少しばかり増えたからと安心してはいけない。そもそも誰も空手が上手くなりたいなんて思ってないのだから。友達がいるから来てる。

私が「空手のチャンピオンだ」と言っても、子供にしてみれば、普通のおじさんなので「へー」でおしまい。

指導する度にどうやったら子供たちが今より空手に興味を持ってくれるんだろうと頭を悩ませていた。

ところが、空手にあまり興味をもたなかった子がある日突然、大好きになったりする。そういうことがあるから子供の指導はおもしろい。変わる子は「あの技教えて」「次はこの技」とみるみるうちに変わっていくから。本当に得難い経験なのである。

子供たちを教えることで指導者としての引き出しは増えた。例えば子供は集中力がない。空手に興味を持つようになったからといって、大人と同じようにやってはダメ。五分やったら少し違うことをやらないと飽きてしまう。六年生と一年生では集中力が違うことも考慮しなければいけない。

海外での空手の指導

そして、40代に入った私は三足目のわらじを履く。それが東京都空手道連盟の強化担当理事。ここまで読んでくれた人はお気づきだと思うが、私は何かを請われた時に基本的に断ることをしない。空手の試合と同じで、勝っても負けても、そこから何か得るものがあるのと同じように、「はい！」と言って一歩前に出ればそこにはたとえ苦しくとも掘って行けば、信じられないほどの宝が眠っていることを知っているからである。

それはさておき、強化担当理事の仕事の幅広さは想像以上だった。監督の要望を聞いたり、選手から相談を受けたり、大会の準備や片付けを手伝ったり、選手時代に海外での試合経験がある上に、指導者ライセンスも持っていたので、空手指導者として海外派遣も仰せつかった。

私が理事時代にジャイカの依頼で全空連を通じて指導に訪れた国を記憶の範囲で並べると２００４年ヨルダン・ケニア。２００５年セネガル・モロッコ・ガボン。２０１１年ナイジェリア・セネガル。２０１２年エチオピア・インド（日印国際交樹60周年記念事業）。２０１４年がブルキナファソ・コートジボワール、タンザニアとなっている。色々な国に指導のため訪れたが、地図で見るとアフリカの国が圧倒的に多い。

アフリカで指導の機会が多かった理由はいくつか考えられる。空手には道具が必要なく、スペースさえあればどこでもできる点は大きかったと思う。あとは日本文化への憧れ。特に礼儀の意味については学びたがっていたことが思い出される。我々の側にも、日本文化を広めるんだって気概があった。

そして、私の個人的な想いもあった。こうしたアフリカの各地で空手が根付いてくれることを願いながら指導をしたのである。というのも空手界はずっとオリンピックの正式種目に採用されることを目指していた。小国の一票も大国の一票も同じ価値なら、小国の一票をたくさん集める方が効率が良いと思ったからだ。

外国人への指導は日本人相手の指導とまったく感覚が異なる。一週間から十日くらいの短期間しか学べないとわかっているからまず集中力が高い。そして強くなりたいという気持ちをまったく隠さない。私がタイトルを獲った経験があるとわかった瞬間、もう目の色が変わる。チャンピオン経験者に教わるチャンスなんて二度とないぞと思っているんだろう。一言で言うとギラギラしているということ。

通訳がいるが、空手経験者ではないので基本は身振り手振り。だが、こっちが一生懸命教えて、相手も全力で理解しようとすると、身振り手振りでも細かいニュアンスまで伝わるものだ。短い指導期間であっても変わる人はガラっと変わる。

私は知らない土地を訪れるのが大好きだったので全空連から要請があればスケジュールの調整がつく限り引き受けてきた。選手としてバリバリやってた時代も含めると私の海外での活動実績はかなりのものだ。

指導要請を受けるかどうかは個人の判断なので、断った人もいたと思うが、幸い私は色々な文化に興味があり、現地の人と会うのは楽しみだった。

しかも、口に合う合わないはあったけど、どの国の食べ物も文句を言わず残さず食べたし、時差もあまり気にならなかった。現地での適応力は高かったと思う。ただし、水と氷には気をつけていた。

海外指導の楽しみは普通なら足を運べない場所にも行けることだ。JICAの要請で訪れているのでスポーツtを通した外交的だった。訪れた時は必ず各国の日本大使館に行って大使にご挨拶する。ケニアの日本大使館はめちゃくちゃ大きいなんて日本で生活していたら絶対にわからない。ベナンでは王様にお会いした。

もう一度東京都空手道連盟の監督を

東京都空手道連盟の強化担当理事は20年近く続けた。その間、平成20年（2008年）に女子部の監督から退いた。その頃は女子のレベルもかなり上がっていた。

好成績を残した選手には「良い結果が出てもそれに捕らわれるのは危険だぞ。その時の状況がそうだったから通用したけど今は違うでしょ。対戦相手も違うし、相手もこっちを研究もしてる。時には変える勇気も大切だぞ」と私が日本空手協会の全国空手道選手権の連覇を逃した時に得た教訓を伝えた。もちろんそれを受け入れるかどうかの判断は選手に任せた。

平成12年（２０００年）国士舘大学では新設の学科として「武道学科」を創設し、剣道、柔道、空手などの武道を多摩のキャンパスで授業として教えることになった。これに伴い空手道部における私の全ての任は解かれた。私はそのまま世田谷キャンパスに残り、大学職員の仕事に専任することとなった。そんな状況でも国士舘空手道教室の指導者は続けていた。相変わらず子供の指導は楽しかったし、その頃は道場に通う人の年齢の幅も広がって、私より年齢が上の人にも教えていた。

高齢の人への指導は子供と同じくらい多くの学びがあった。パラ空手の東京代表チームの指導もしていた。自治体単位のパラ空手の代表チームは全国で初めてだったと思う。どんなカテゴリーでも空手を教え、選手が成長する姿を見るのはうれしいものである。

そして、平成31年（２０１９年）、東京都空手道連盟の強化担当理事を務めていた60歳の私は晴天の霹靂と言っていい要請を受けた。

その内容は「東京都の強化選手の監督をもう一度やらないか」というものでした。何でもポンと引き受ける私も、今回はさすがに迷った。20年前に引き受けた時は空手道に対する勢いがあった、何かを成しとげられるのではという可能性も感じられた。しかし、この年齢で……、さすがの私も二の足を踏んだ。

とはいえ、何にしても声をかけていただけるということは、空手道の神様が采配を振っておられると解釈し、もう一度飛び込んでみることを決心した次第である。

想像するに、東京都空手道連盟が若返りを求めているのではないか、そのためのワンクッションとして私の働きを求めているに違いない。それはこの年齢になり経験を積み上げたからこそ出来ることなのだろう。私の任期中に若く、指導力のある次期監督を見つけ出し、しっかりと育てようと思う。

とにかく引き受けた以上は選手の強化だけでなく、後継監督をしっかりつけることを考えながら二度目の監督業を頑張りたいと思っている。

第２回全日本空手道体重別選手権大会で優勝した芝本航矢選手と

恩師と語り合う

司会　この集まりは横道さんたっての希望なんですよ。

横道　この本を作るに当たってお二人には絶対に登場してもらいたかったんです。山本先生は空手のきっかけをくれた人。山本先生なくして今の私はないんですよ。先生がいなかったらそもそも空手に出会ってないですから。もう一人の恩師の滝本先生とお話しをするようになったのは大学に入学してからだけど私の中では滝本先生はトレーニング法、空手技術や勝ち方の先生。とにかく指導のアイデアが豊富で、私の選手時代、指導者時代を問わずたくさんのヒントをもらいました。

山本　横道とは50年のつきあいになるのかぁ。

横道　50年間ずっと恩師です（笑）。今日絞めているネクタイも先生から還暦のお祝いとしてプレゼントしていただいたものです。これから先も大切に使います。

滝本　私は昭和53年に吉備高校から岡山県山陽高校に赴任した。横道の卒業の年だったので横道が高校時代にどんな生徒だったかは知らないんですよ。

横道　吉備高校の空手道部は強かったんですよ。

滝本　そんなことはないよ。吉備高校の空手道部は、昭和50年創部で、私が創ったんです。当時はまだまだでした。当時の岡山県では倉敷工業が圧倒的に強くて、私は三年計画で打倒倉工を目指してたんです。

山本　倉工強かったよね。

司会　山本先生、初めてあった頃の横道さんの印象はどうでしたか？

山本　すでに聞いてると思うけど、横道は入学当初バレー部だったんですよ。それが夏前に突然「空手道部に入りたいです」と言ってきて……、驚いたけどやる気もあるし、体格もいいし「じゃあ、やってみるか」と。でも、あんなに空手が強くなるとは思ってなかった。

横道　自分も思ってなかったです、でも、この本でも書きましたが、山本先生に教えてもらったら自分の弱い心を強くできる、と思って入部を決めたんです。空手が強くなりたい、よりも、心を強くしたいが最初の目標でした。

司会　空手道部に入ってみてどうでした？

横道　毎日、練習ができる環境ではなかったけど山本先生が来た時は部の空気がビシッと引き締まるんです。山本先生は部活だけではなく寮監を務めていたので、ずっと一緒でした。寮でも指導を受けましたよ。

司会　寮も厳しい空気だったんですか。

横道　厳しい空気とは思わなかったけど、生徒が間違ったことをした時はしっかり指導されました。私も一度、禁止されている時間に女の子から電話が来て、おしゃべりしてたら「空手と女の子、どっちが大事なんだ?」って。私の返事ですか、もちろん「空手です!」。ルールを破ってるんだから叱られて当然です。

山本　よくそんなこと覚えてるなぁ(笑)。確かに厳しく指導してました。それは生徒たちが社会に出た時に「山陽の生徒はこんなことも知らんのか」と言われて、恥ずかしい思いをさせたくなかったからね。先輩たちがそう思われると、後輩たちにも影響が出ます。

司会　先々まで考えた大きな視点で指導していたんですね。横道さんからは

母校にて行った恩師二人との念願の鼎談

懐かしの母校の校舎

空手道部員に練習の一つとして校歌を歌わせていたとお聞きしましたが、それにも狙いがあったですか。

山本　学校の屋上や校庭で歌わせましたね。50年前は校歌をちゃんと覚えてない生徒が多かったんですよ。何回も耳にすれば歌詞の意味も考えるし、母校への愛情も湧いてくるしょう。生徒にもっと母校愛をもって欲しかったんですよ。空手道部の部員にはもちろん強くなってくれればうれしいけど、それよりも他の生徒を引っ張る存在になってもらいたかったんですよ。部員全員を高校野球の応援に行かせて、校歌を大声で歌わせたのも同じ狙いです。

司会　横道さんが山本先生のことを心の師と呼ぶ理由がよくわかります。空手の上達、技についてはそこまで考えてなかったんですか。

山本　滝本先生の三年で打倒倉工！はさすがですね。私など新卒で空手の経験者でもなかったですから、それなりの部活にするだけでも相当時間がかかるだろうと思ってました。声出しや挨拶に力を入れていたのも、まずは誰にでもできることからしっかり指導していこうという考えでした。

司会　そんな中、横道さんが二年の時に県の新人戦で個人組手優勝、団体戦も優勝というのはすごい結果ですね。

横道　そう！　岡山県山陽高校開校以来始めての県大会優勝です。校長先生がものすごく喜んでくれて、ご自宅の庭で焼き肉パーティーを開いてくれたんです。

山本　確かに横道の優勝には驚かされました。そして校長先生に報告に行きましたら、校長先生の喜びようには、もっと驚かされました。

司会　山本先生は横道さんの優勝を予想してなかったんですか。

山本　横道の後々の活躍を考えると多少は期待しても良かったと思うのですが、あの時は初試合だからね。まったく予想してなかったです。

滝本　新人戦といっても空手のキャリアは横道より長い相手ばかりなのに、初試合で優勝はすごいよ。

司会　横道さんの空手はどうでしたか。

山本　いつも以上に気持ちが全面に出てました。初試合で緊張してる感じはなかったよ。

横道　あの時は、試合をやれるのがとにかく嬉しくって…。

山本　空手道部の歴史の中でもとても大きな優勝でした。新人戦の優勝と翌年のインターハイの初出場。この二つの出来事をきっかけに学校の空手道部への期待が大きくなったように感じました。空手道部の活躍で学校のイメージを変えたいというか…。当時の岡山山陽は私立の工業系だから、まあ、悪いのが多いんです。ケンカ山校（さんこう）なんて呼ばれてね。

滝本　私が赴任した当時も悪そうなのは多かったね。でも、空手道部が何年も続けて活躍するうちに学校の雰囲気も徐々に変わっていったんです。わかりやすいところで言えば挨拶。空手道部以外の生徒も大きな声で元気な挨拶をするようになりましたね。

山本　そうなると周囲の人の印象も変わるんです。「山陽は良い学校だね」と褒められる機会も増えました。かつてのケンカ山高から胸を張って「母校は岡山山陽です」と言えるような学校になりましたね。

司会　少し時間を戻すと高校三年の夏に国士舘大学の空手道部の合宿への参加がきっかけに横道さんに国士舘大学の推薦の話が持ち上がります。

山本　国士舘大学の泉監督から「横道をウチの大学にどうか」と声をかけられたんだけど、当時の岡山山陽で大学進学を考えてる生徒はほとんどいないんです。それで合宿の帰りの車中で横道に「国士舘大学から推薦の話があるんだけど、どうだ?」と切り出したら、突然の話に最初はびっくりするかと思ったけど「やります!」。本当に即答でした。逆にこちらが少し戸惑いましたね。

横道　合宿の朝食での一年生の行動に『日本一厳しい練習をしてる大学だ』と衝撃を受けたんです。この学校で空手をやれば心がもっと鍛えられるはずだと。もう喜びしかなかったですね。親が賛成するかどうかなんてことは、まったく頭にありませんでした。

滝本　横道らしいね（笑）。空手と同じで思いきりが良い。

司会　技の滝本先生とはどういった経緯で大学進学後に親しくなるんです

恩師二人と

か。

横道　帰省のたびに山陽の道場に顔を出して練習を見学していたんだけど、大学でも見たことがなかった練習がとても多かったんです。

山本　滝本先生はアイデアマンだからね。

横道　それで滝本先生に「あの練習にはどんな意味があるんですか？」と話しているうちに、どんどん親しくなっていったんですよ。

滝本　うん。高校時代の横道は私も少しは見ているけど、スピードがあって気持ちが前面に出るファイターの印象だったんだけど、話してみると実はかなりの勉強家で理論派の一面があるんですよ。

横道　心を強くするために空手をやっていたので勇気を出して前に出る自分の空手のスタイルを変える気はなかったけど、新しい空手の理論は知りたいじゃないですか。自分と合いそうだったらもちろん取り入れますよ。また、練習を見てると滝本先生がどんどん僕の知らないことをやってるんですよ。それは質問したくなりますよ。

滝本　いつのまにか私の家に泊まって質問するようになってたよね。

横道　ハイ。岡山に帰省しても、まずは岡山山陽の道場に行って、その後、滝本先生のご自宅にお邪魔して、奥様にも大変お世話になりました。夜通しおしゃべりしてました。空手の理論や練習法だけでなく、プライベートの悩みも相談しましたよ。小飛島の実家に戻るのはそれからでしたね。でも、まただすぐに山陽の道場に行くんだけど。いつのまにか、帰省→滝本先生の家に泊まることになってました。

山本　滝本先生の斬新な指導は県内のスポーツクラブの指導者の間でも注目されてました。

横道　どんな指導をしてるかを学ぶために練習の見学に来てた指導者を何人か見ましたよ。すごい先生なんですよ。

司会　滝本先生の指導の中で一番効果のあったものを教えてください。

滝本　それは本当にいっぱいあるよ。でも、一番良かったのはキーミュージック（トレーニング）かな。まず道場で練習中に突然、大音量で音楽を流すんです。音楽が聞こえたら部員はどんな練習をしていても、それを中断してその場で全力でラッシュをかけるのが決まり（音楽が止まれば終了）で、それを大会の一カ月二カ月前から何十回、何百回も繰り返すんです。すると、どうなるか。自分の気持ちとはまったく関係なく、その音楽を耳にしただけで全力でラッシュをかけられる状態になるんです。ラッシュのスイッチが勝手に入るようになるんです。大舞台ではプレッシャーで体が動かなくなることが多々あります。音楽を流せば、そんな時でも体を全力で動かせるスイッチがはいるんですよ。

キーミュージックが一番効果を発揮したのは史上初の男女アベック優勝を果たした平成7年のインターハイ。曲も今でも覚えてますよ。B'zの「ねがい」だった。少し補足をしておくと、高校生は飽きっぽいので、キーミュージックをずっと同じ曲にしていると効果が落ちていくんですよ。なので同じ曲を連して使うことはありません。曲によって効果も違うので新しい曲をキーにする時は、効果の見極めも大切です。高校生はどんな曲で気持ちが高まるのか、若い人向けの曲は意識して聞いてました。

司会　横道さんも滝本先生のアイデアを採り入れたんですか。

横道　「先生、これ自分もやって見ていいですか?」はなかったかなぁ。でも考えてみると滝本先生の指導のエッセンスを取り入れてたのかなってのはあったよ。例えば30秒なり、三分なり時間を区切った練習で生徒の体に時間を覚えさせる練習があったんだけど、自分も大学、いや研修生のころかな、ボクシングジムの練習に参加させてもらって三分という時間を体に覚えこませようとしたことがありますね。

あと、キー・ミュージックではないけど、一人で稽古する時は集中できるので、ウォークマンで音楽を聴きながらやってました。当時はまだ珍しがられましたね。

滝本　横道もかなりアイデアマンなんですよ。自分で反射神経を鍛える器具を作ったりもしてたよね。

横道　空手が強くなる方法はないか、色々考えたり、ちょっとした工夫をするのが好きなんですよ。
司会　滝本先生も横道さんとの会話は楽しみだったんじゃないですか。
滝本　横道は横道でいろんなことを考えているので楽しみだったよ。しかも、その考えを大きな舞台で実践してるから、興味深い話が多いんですよ。
司会　昭和62年に北海道で開催されたインターハイでは、超名門の目黒高校と対戦する決勝の監督を横道さんに任せたじゃないですか。その頃の横道さんはトップ選手ではあったけど、指導者としては何の実績もない。それでも任せたのはこれまで接してきた経験で横道さんの空手観なら大丈夫だと思ったんですか？
滝本　横道なら大丈夫。きっとうまくやるだろうというのはあった。それで後で何をやったのか聞いたら驚きでね。大舞台での経験に基づいた指導ができるのが横道の強みだよね。
横道　汗をだらだらかかせてね。目黒高校のことを頭から忘れさせた。でも、それができたのも自分で成功した経験があったからです。

OB としておかやま山陽高校空手道部の部員に、試合の心構えなどについてお話させていただいた

滝本　勝つ時は勝つなりの理由があるんですよ。

横道　母校の初優勝もうれしかったけど、自分の指導を滝本先生に認めてもらえたのもうれしかったね。

司会　山本先生はどうでしたか。

山本　もちろんうれしいですよ。滝本先生が監督になってからは全国大会出場が当たり前になったけど、この優勝で空手道部はより岡山山陽を象徴する存在になると思いました。これまでも空手道部の活躍は他の部活の刺激になってたけど、これからはより一層、刺激するだろうと。中でも野球部は刺激を受けたと思います。

司会　三人とも指導者として長いキャリアを積んでるワケですが、子供たちの気質に変化はあったでしょうか。

横道　変わる変わる。社会も空手のルールも変わるし、今は何より情報の量が違う。必然的に気質は変わるでしょ。でも、大人だって同じように変わっていってるからね。結局、大事なのは愛情。時代が変わっても愛情の価値は変わってないと思う。教える方も教わる方も人と人。そこに愛情があれば伸びるし、ないと伸びる子も伸びてこないと思うんですよ。

滝本　今の子はネットで次々に情報を掴んでますからね。こちらも日々アップデートは心掛ける。ただ、培ってきた経験はこちらにしかないから。それをうまく活かして空手を教えていきたいね。

山本　私はある時期から学校全体のことを考える立場になったので，二人とは少し感覚が違うけど、昔より、しっかりしたというか手がかからない子供が増えましたね。あと、目的をもって山陽に来る子も増えました。生徒たちは一人一人違うけど何かを目指そうと思った時に応援できる学校ではありたいですね。

横道　私も恩師に自信をつけさせてもらいました。大学への道筋をつけていただいたし。岡山山陽を選んで良かったと思います。まあ、気がついた時には山陽しか受けられる学校がなかったんだけど（笑）。

司会　いくつになっても横道さんにとってお二人は恩師ですが、逆にお二人にとって横道さんはどんな存在ですか？

山本　横道は今64歳だよね。本当にいい歳した大人なんだけど、目の前にすると今だに教え子の感覚になってしまうんですよ。高一の時に「空手道部に入りたいです」と告げた延長線上にいるというか。今日、話していても新人戦で優勝した時のこと、特待生の話を伝えた時のこと、部員全員でやる演芸大会で率先して前に出て盛り上げたこと、とにかく色々なことを思い出しました。

司会　演芸大会で盛り上げるんですか？

横道　そうですよ。参加するからには全力を尽くしますよ。

山本　空手がどれだけ強くなっても、偉ぶらずにバカをやれるのも横道の魅力ですよ。一生思い出に残る教え子です。

滝本　山本先生と違って私は先生と生徒の関係だった期間はないんだけど、話をするようになってからは、ずっと先生、先生と呼んでくれるんですよ。

いつのまにか自分の教え子みたいな気持ちになってましたね。横道は可愛い教え子です。

横道　現役時代の空手は、前に出る気持ちを大事にしていたけど、人生では時々立ち止まって後ろを振り返ることも大事だと思うんです。人生でも空手でも振り返ったから思い出せたヒントってやっぱりあるんですよ。もちろんヒントを与えてくれるのは山本先生か、滝本先生です。離れていても二人の恩師には本当にお世話になってるんです。１００人いれば１００人の指導法があるけど、山本先生と滝本先生というタイプの違う、でもどちらも心から尊敬できる指導者に巡り会えたことは本当に幸せだったと思います。

滝本　横道のように長い間慕ってくれる教え子に巡り会えた私たちも幸せですよね。

山本　その通りです。50年も続く関係なんて滅多に無いですよ。

横道　不思議なもので、年齢を重ねるごとにお二人への感謝の気持ちは深まっていくんです。空手を始めてから50年後にこんな幸せな時間が訪れるなんてて、二人の恩師との出会いに心から感謝します。また三人で集まりましょう。

あとがき

２０２５年春。私は国士舘大学職員として定年を迎えます。選手、指導者、連盟の理事、空手では本当に色々な経験をしたけど、それも外部の仕事を受けることを気持ちよく許可してくれた大学の度量の広さのおかげです。改めて感謝を申し上げます。

早いもので岡山県山陽高校で空手を始めてから50年の月日が流れました。一般的な感覚では一区切りのタイミングだけど、私には困ったことに空手を通じてやりたいことがまだたくさんあるのです。

まずは自分たちと同じ世代の中高年、会社を定年退職した人たちに、もう一度空手で夢を与えたい。全身の筋肉をいろんな方向に伸ばしたり縮めたりする空手の動きはシニアの体力維持に役立つはずです。裸足になることで土踏まずも鍛えられます。

激しい運動が苦手な人は無理しなくても良いんです。息を吐く時に体を伸ばして、吸う時に体を縮めることを意識するだけでも姿勢はよくなります。

蹴りだって足が高く上がらなくも大丈夫。ひざから下を伸ばして引く動きだけでも筋肉は十分刺激されます。それもしんどいという人はイスに座って足をバタバタさせてください。

わかりやすいイメージは空手の動きを取り入れた誰でも簡単にできるエクササイズですね。昇段試験もあるけど試験官は自分自身。今日は頑張ったと思ったら黒帯獲得です。会社務めだった人はこれまでずっと競争競争でやってきたわけだから、定年後の空手くらいは他人の評価を気にしないで伸び伸びやってもらいたいんですよ。

最終的なゴールはカルチャースクールやスポーツジムの定番メニューです。これからの高齢化社会にはニーズがあると思うんだけどなぁ。

もう一つ、若い人にもっと空手が馴染みやすくなるように環境を整えていくことも大事だと思っています。それと同時に観客にとってもルールや勝敗がもう少しわかりやすいと良いなと考えています。

私はもう一度オリンピックの舞台で空手を見たいんです。せっかく東京で一度は正式種目に採用され、あの頃は空手をしている小さな子供達も「オリンピックで金メダルをめざします！」と言っていたのを思い出します。子供達の夢のためにも諦めずにオリンピックを目指すべきだと思います。

恩師の山本先生に「空手道部に入りたいんです」と言った時は、こんな歳まで空手に携われるなんて夢にも思いませんでした。空手を選んだのは自分の意志だけど、その後はポイント、ポイントで「こっちの道もあるよ」と勧めにしたがっていただけなのに念願の大会での優勝、十ケ国を超える海外での指導、二度の東京都の監督就任とめったにない経験を積めた私の空手人生は本当に恵まれていたと思います。空手着に袖を通した瞬間から今までずっと楽しかったです。これからは与えてもらうばかりだった空手に少しでも恩返しをしたいですね。

最後に決して満点お父さんではなかった私を空手に専念させてくれたしっかり者の奥さんと真っすぐ育ってくれた三人の子供に感謝の言葉を贈ります。

ありがとう。皆んなのおかげで世界一幸せな空手家になれたよ。

横道正明

【主な戦績】

昭和54年(1979)　春季関東学生空手道定期リーグ(個人戦)：3位
昭和55年(1980)　第9回関東学生空手道選手権大会(個人戦)：優勝
　　秋季関東学生空手道定期リーグ(個人戦)：優勝
昭和56年(1981)　春季関東学生空手道定期リーグ(個人戦)：優勝
　　第17回東日本大学空手道選手権大会(団体戦)：2位
昭和57年(1982)　カナダ国際招待空手道選手権大会(個人戦)：優勝
　　第37回国民体育大会(島根国体)重量級：優勝
昭和58年(1983)　第4回IAKF世界空手道選手権大会(団体戦)：優勝
　　第38回国民体育大会(群馬国体)重量級・団体戦：優勝
　　ユーゴスラビア国際親善空手道選手権大会(個人戦)優勝
昭和60年(1985)　第1回松濤杯世界空手道選手権大会(個人戦)：準優勝
　　第13回全日本空手道選手権大会(個人戦)：準優勝
　　第6回アジア空手道選手権大会
　　重量級・団体組手・団体形：優勝
昭和61年(1986)　第2回空手ワールドカップ -80kg級：3位
　　第14回全日本空手道選手権大会(個人戦)：準優勝
　　第41回国民体育大会(山梨国体)重量級：優勝
昭和62年(1987)　第26回全国空手道選抜選手権：優勝
　　第30回全国空手道選手権大会(個人戦)：優勝
　　第42回国民体育大会(沖縄国体)重量級・団体戦：優勝

著者略歴

横道正明（よこみち・まさあき）
1959年5月13日、岡山県笠岡市の笠岡諸島に属する小飛島（こびしま）で生まれる。
中学時代はバレー部に所属。高校入学後もバレー部に入部するも、ほどなくして退部。その後空手道部に入部。高校2年生のときに初めて出場した岡山県の新人戦で、個人・団体ともに優勝。初のインターハイ出場に導き、ベスト8の成績を残す。卒業後は国士舘大学の特待生として進学、空手道部に入部。大学卒業後は国士舘大学職員として勤務する一方、日本空手協会の研修生として空手の指導員の資格取得。1982年島根国体優勝、日本代表選手に選出される。翌年の群馬国体で2連覇を果たし「向かう所敵なし」と言われた。1986年には、自身が最も獲りたかった日本空手協会主催の全国空手道選手権大会で優勝。1989年より、本格的に指導者の道へ。現在は東京都空手道連盟理事・強化委員長。

空手に導かれて

2025年 3月 28日　第 1版第 1刷発行
著者: 横道正明

発行: 株式会社チャンプ

〒 166-0003 東京都杉並区高円寺南 4-19-3　総和第二ビル 2F
TEL 03-3315-3190　FAX 03-3312-8207

◆印刷
株式会社ナミ印刷

Printed in Japan

〈定価はカバーに表示してあります〉〈落丁・乱丁本はお取替えいたします〉

ISBN978-4-86344-032-6